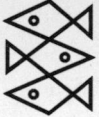

Wer war Xanthippe? Noch heute kennen wir sie als zänkisches altes Weib, ist ihr Name sprichwörtliches Synonym für eine bösartige Nervensäge, die ihrem Mann das Leben zur Qual macht. Aber könnte es nicht auch ganz anders gewesen sein? Könnte sich dieses Etikett der Xanthippe nicht nach unserem Bild von Sokrates gebildet haben, dem Philosophen, der die schönen Knaben liebte und zu Hause eine alte Schlampe hatte? Zweifel kamen der Archäologin und Schriftstellerin Maria Regina Kaiser, als sie bei Platon im »Phaidon« die Stelle fand, in der die letzte Begegnung zwischen Sokrates und seiner Frau im Gefängnis beschrieben wird, bei der Xanthippe »sein jüngstes Söhnchen auf den Armen trug«. Zumindest alt kann sie danach beim Tod des siebzigjährigen Philosophen nicht gewesen sein.

Dieser Widerspruch war der Ausgangspunkt für die jahrelangen Recherchen der Autorin zu diesem Roman und für die Phantasie der Erzählerin, ein neues, *ihr* Bild von Xanthippe zu entwerfen, das trotz der romanhaften Story alle Merkmale des Möglichen enthält. In das Handlungsgeschehen vor dem historischen Hintergrund des Kampfes um Syrakus sind überlieferte Zeitgenossen und erfundene Personen ebenso anschaulich verknüpft wie Mythen, Bräuche und die Schilderung der untergeordneten Stellung der Frau, aus der die Autorin ihre Protagonistin ausbrechen läßt.

Xanthippe, die schöne Braut des Sokrates, viel später seine junge Frau, die Geschichte einer ungewöhnlichen Liebe und Emanzipation im Athen der klassischen Antike – auch so könnte es gewesen sein.

Maria Regina Kaiser, 1952 in Trier geboren, studierte Alte Geschichte und Klassische Archäologie in Frankfurt am Main mit dem Abschluß der Promotion. Von 1976 bis 1986 wissenschaftliche Forschungsarbeit auf dem Gebiet der griechischen und römischen Antike. Danach freie Schriftstellerin. In erfolgreichen Jugendbüchern aus dem alten Rom wie »Lukios, Neffe des Kaisers« und »Lukios und hundert Löwen« verband sie bereits ihr Interesse an der Antike mit der Lust, Geschichten zu erzählen. »Xanthippe – Schöne Braut des Sokrates« ist ihr erster Roman. Die Autorin lebt in Frankfurt am Main.

Maria Regina Kaiser

Xanthippe
Schöne Braut des Sokrates

Roman

Fischer Taschenbuch Verlag

Die Frau in der Gesellschaft
Herausgegeben von Ingeborg Mues

Veröffentlicht im Fischer Taschenbuch Verlag GmbH,
Frankfurt am Main, Juni 1994

Lizenzausgabe mit freundlicher Genehmigung des
Hoffmann und Campe Verlages, Hamburg
Copyright © 1992 by Hoffmann und Campe Verlag, Hamburg
Druck und Bindung: Clausen & Bosse, Leck
Printed in Germany
ISBN 3-596-11737-2

Gedruckt auf chlor- und säurefreiem Papier

Darin (im Gefängnis) fanden wir den Sokrates soeben frei von Fesseln und neben ihm Xanthippe, die du kennst. Sie trug sein jüngstes Söhnchen auf den Armen. Als uns Xanthippe sah, erhob sie lautes Wehklagen und redete so recht nach Frauenart: »Ach, Sokrates, nun ist's zum letztenmal, daß deine Freunde dir noch etwas sagen können und du ihnen.« Da blickte Sokrates zu Kriton hin und sagte: »Sorg du dafür, mein Kriton, daß sie gut nach Hause kommt.«

Platon, *Phaidon*

Für Uli G.

Inhalt

Xanthippe, das blonde Pferd

Auf dem Herd brodelte es in einem gewaltigen Kupferkessel, daneben standen zwei Tonkrüge mit frischem, kühlem Wasser, das Philippos für seine Schwester vom Brunnenhaus geholt hatte. Einige Nachbarinnen drängten sich um das neue, krokusgelbe Prozessionskleid, das ausgebreitet auf dem gescheuerten Tisch lag.

»Die Tochter des Lysimachos ist für ein Mädchen von vierzehn Jahren zu groß geraten und viel zu dünn«, flüsterte eine der Frauen, als Xanthippe aus ihrer Kammer trat.

»Sie hat nicht einmal eine Andeutung von Brüsten«, sagte eine andere.

Das tröstete die Frauen, denn keine von ihnen war als junges Mädchen, wie Xanthippe, auserwählt worden, mit dem Schiff nach Delos zum Apollonheiligtum zu fahren, um am heiligen Tanz vor dem Hörneraltar teilzunehmen. Nur die sieben schönsten Mädchen Athens wurden einmal im Jahr zusammen mit den sieben schönsten Jünglingen nach Delos entsandt.

»Der alte Sokrates muß schon halb blind sein«, tuschelten die Nachbarinnen. »Oder er ist verblendet von Philippos.« Der Triumph der alten Frauen.

Was Sokrates betrifft, so hatten sie nicht ganz unrecht. Er hatte Xanthippe dem Rat der Stadt für die Prozession nach Delos vorgeschlagen, obwohl er sie nicht kannte, nur von ferne gesehen hatte. Aber er war ein Freund von Philippos, der seiner Schwester sehr ähnlich sah, denn sie waren Zwillinge. Und er war ein merkwürdiger, häßlicher Kauz, schon über fünfzig, die Glatze war eingerahmt von einem Kranz roter Haare, und er war nicht sehr sauber, aber einflußreich. Xanthippe hatte gehört, daß er in Alopeke, dem Stadtteil, in dem das Haus des Lysimachos stand, aufgewachsen war und in der Steinmetzwerkstatt seines Vaters Götterbilder in Marmor geschlagen hatte. Doch das war lange vorbei. Seit Jahren ließ er sich hier nicht mehr blicken, ging auf dem Marktplatz herum und auf den Turnplätzen und philosophierte mit den Schönen-und-Guten, redete mit jedem, mit Geldwechslern ebenso wie mit Schustern.

Das änderte sich von dem Tag an, als er die Nachricht von Xanthippes Wahl ins Haus des Lysimachos gebracht hatte. Seitdem sah ihn Xanthippe häufig in der Nähe, wenn sie morgens und abends Wasser holte. Manchmal saß er den ganzen Nachmittag lang vor dem Haus eines Nachbarn und trank mit ihm unter dem Sonnensegel Wasserwein, spuckte ab und zu einen Olivenkern auf den Boden, die Hände über dem Bauch gefaltet, den Blick auf die Haustür des Lysimachos gerichtet.

Während Xanthippe kein Wort darüber verlauten ließ, was sie von dem Alten dachte, der neuerdings in ihrer Gegend herumlungerte, kursierten bereits die Gerüchte. Hatte Sokrates Absichten? Auch wenn Xanthippe ungelenk war, ein Mädchen mit eckigen

Bewegungen, so war sie doch immerhin vierzehn, ein Alter, in dem ein athenisches Mädchen meist schon verheiratet wurde. Und sie kam aus einer berühmten Familie, war die Enkelin von Aristides dem Gerechten, dem besonnenen Feldherrn und Staatsmann, dem Athen soviel zu verdanken hatte, trug einen aristokratischen Namen – Xanthippe, das blonde Pferd. Daß sie arm war und ohne Mitgift, das stattliche Haus heruntergekommen, alles, was Wert hatte, verkauft, würde Sokrates nicht schrecken. Das wußte jeder in der Stadt. Sein Sinn stand nicht nach Reichtum. Aber jeder wußte auch, daß sich der Philosoph mit der besonderen Aura gern in die Häuser der ehrwürdigen Familien begab, als wolle er dazu gehören. Immer noch der Steinmetzsohn aus Alopeke.

Xanthippe dachte nicht daran, sich zu verheiraten. Sie wollte mit Philippos und ihrem Vogel Xanthias zusammenleben, hier im Haus oder noch viel lieber weit weg von Athen, wo sie niemand kannte und Anstoß daran nahm, daß sie Geschwister waren. Manchmal, wenn sie daran dachte, bekam sie Angst, daß ihr Vater sie eines Tages zu einer Heirat zwingen könnte. Er würde es tun, sie war sich fast sicher, sobald ein Bewerber auftauchte, der Geld und Ansehen hatte, ein Politiker vielleicht, der nach Pinienöl duftete, gut reden konnte, Pferde besaß und den ganzen Tag auf dem Sportplatz zubrachte, eben weil er reich war.

Sie würde sich von einem solchen Mann nicht

blenden lassen. Sie kannte zu viele Geschichten, die die Mädchen aus der Nachbarschaft erzählten, wenn sie zusammensaßen und ihre Aussteuer webten, kräftige weiße Laken mit einem feinen, viereckigen Muster, Kissen und Decken. Während die Schiffchen durch die gespannten Längsfäden glitten, gaben sie lachend zum besten, was ihnen die geschwätzigen Ammen und Sklaven erzählt hatten. Xanthippe fand es gar nicht komisch, wenn sie von Männern hörte, die ihre Frauen prügelten und im Haus einsperrten wie Sklavinnen, während sie sich bei Saufgelagen mit Tänzerinnen und Flötenbläserinnen vergnügten. Selbst der strahlende und kluge Alkibiades mit dem Mut eines Löwen, der das Idol aller Knaben und Jünglinge und das Traumbild eines jeden Mädchens in Athen war, mißachtete und beleidigte seine Frau und hatte neulich sogar seinen Schwiegervater zusammengeschlagen. Nie würde sie sich so behandeln lassen, nie würde sie einem Mann trauen.

Nur Philippos, auf ihn war Verlaß, das wußte sie genau. Mit ihm wollte sie leben, ihm den Haushalt führen, wie sie es jetzt schon für ihn und den Vater tat. Sie würde ihm die Sandalen bereitstellen, das Essen für ihn kochen und warm stellen, wenn er später kam, seine Kleider kunstvoll stopfen und im Winter die Kohlen auf dem Becken glühend halten. Und am Abend würde es nicht trostlos langweilig sein, denn er hatte sie noch nie in die Küche geschickt, wie es die anderen Männer mit den Mädchen und Frauen taten. Aber Xanthippe war auch nicht so unwissend wie sie. Philippos hatte ihr Lesen und Schreiben beigebracht, und sie wußte von ihm, was die Lehrer auf dem Marktplatz ihren Schülern zu erklären versuchten, so ungefähr jedenfalls.

Am liebsten aber sprachen sie von fremden Städten, in die sie gemeinsam reisen wollten, wenn sie einmal erwachsen waren. Ägypten hatte Philippos vorgeschlagen, oder noch besser Persien, wo es einen Großkönig geben sollte, der mit seinen Freunden Löwen jagte. Daß dort andere Götter verehrt wurden, störte sie nicht. Manchmal saß auch ihre Mutter Ariste, als sie noch lebte, an heißen Sommernachmittagen mit ihnen im Schatten der Hausmauer. »Philippos wird einmal ein Feldherr sein oder ein Söldnerführer mit Wagen, die sich unter der Last der Beute biegen«, sagte sie dann stolz, oder etwas ähnliches, so genau erinnerte sich Xanthippe nicht mehr. Aber in letzter Zeit dachte sie wieder häufiger daran zurück, vielleicht weil sie schon vierzehn war und Gefahr drohte, träumte von Ägypten und Persien und neuerdings auch von Syrakus, der reichen, weltoffenen Handelsstadt, von der in Athen immer wieder die Rede war. Ja, vielleicht Syrakus. Dort würden sie und Philippos ein schöneres Leben haben als hier im Haus von Lysimachos.

Sie waren sehr arm, hatten nicht einen einzigen Sklaven. Ihr Vater war ein Trinker. Morgens erwachten sie von seinem würgenden Husten. Kaum war er aufgestanden, griff er schon mit zitternden Händen nach dem Weinschlauch in der Ecke und trank lang und gierig. »Jetzt bin ich wieder Mensch«, stöhnte er dann, griff sich das alte, fleckige Orakelbuch und tappte mit unsicheren Schritten fluchend zu seinem Platz unter den Platanen vor dem Apollontempel, wo er den Besuchern gegen ein paar Obolen weissagte. Um die Mittagszeit brachte ihm Xanthippe Brot und eine Schüssel mit Linsengemüse. Dann war er bereits hochrot im Gesicht und redete wild gestikulierend wirres, unzusammenhängendes Zeug. Es gab Leute, die überhaupt nur deshalb zum Apollontempel nach Alopeke kamen, um ihn zu sehen. Xanthippe hatte es miterlebt, wie Männer mit Fingern auf ihn zeigten und ihren Kindern erklärten: »Das ist der Sohn von Aristides dem Gerechten. Aristides hätte leicht reich werden können, als er die Gelder für den Seebund Athens verwaltete. Aber er behielt nichts für sich, achtete die Gesetze und starb in Armut. Und das ist sein Sohn.«

Das Haus, in dem sie lebten und das Aristides als junger Mann für seine Familie gebaut hatte, war größer und prächtiger als die meisten Häuser im Stadtteil Alopeke. Die Brüstung des Daches war aus verziertem Kalkstein, und an jeder Ecke hockte drohend ein Greif mit aufgerissenem Maul und herabhängender Zunge. Aber die rote Bemalung war längst abgeblättert und nur noch in Spuren zwischen den Krallen sichtbar. Das Haus machte einen heruntergekommenen Eindruck, und im Innern sah es fast noch kläglicher aus. Die Wände schwarz vom offenen Feuer, nirgends mehr alte geschnitzte Truhen, bis auf die Pinienholztruhe, in der Ariste ihre Aussteuer mitgebracht hatte, verschwunden auch die silbernen Becher, Teller und Leuchter und die üppigen Vorräte aus dem Keller. Nur in der Küche hing noch ein silbernes Sieb aus den Zeiten, als Aristides mit seiner Familie fette Suppen und Hammelfleisch gegessen hatte, und auf den Steinplatten des Männerraums hinter dem Hauseingang lag noch ein kostbarer lydischer Teppich, die einst kräftigen Farben der eingewebten Vögel verblaßt, den Xanthippe immer wieder auszubessern versuchte und das Mäanderband an den Rändern mit weißer Wolle nachstickte.

Kein Glück, ein Unglück war es, zu den Auserwählten für Delos zu gehören. So jedenfalls erschien es Xanthippe in diesem Augenblick, als sie in der Küche neben dem dampfenden Kessel stand und die abschätzenden Blicke der Nachbarinnen spürte. Sie bewundern das Kleid und nicht mich, dachte sie, und ihr fiel ein, wie ungeschickt sie sich manchmal, wenn sie ein wenig aufgeregt war, beim Tanz in den Übungsstunden angestellt hatte. Vor dem Hörneraltar und den vielen Zuschauern würde sie erst recht versagen.

»Schick die Frauen weg«, bat sie Philippos, und als er sie hinausgedrängt hatte, fügte sie hinzu: »Und bring das Prozessionskleid zurück. Ich kann nicht fahren. Ich werde uns Schande machen.«

Statt einer Antwort schob Philippos die tönerne

Wanne in die Küche, brachte ein flauschiges grünes Badetuch und umarmte ihren knochigen Körper. »Du fühlst dich ja an wie eine verhungerte Katze, du mußt viel mehr essen«, sagte er zärtlich und küßte ihr die Tränen von den Backen.

»Aber ich bin häßlich«, sagte sie und verkroch sich in dem weichen Tuch.

Philippos lachte, nahm die kugelige Tonflasche vom Fenster, entfernte den Korkstöpsel und ließ wohlriechendes Badeöl in die Wanne fließen. »Es gibt Leute, die sehen dich anders.«

Ach, Sokrates! Vielleicht dachte Xanthippe das gleiche, was sich die alten Frauen zugeflüstert hatten.

»Aber ich habe auch Angst«, wich sie aus, »ich war noch nie von zu Hause fort, und bestimmt kommt ein Sturm.«

»Das Schiff steht unter Apollons Schutz und unter dem von Artemis. Apollon ist *unser* Gott, das weißt du. Er wird dich beschützen.«

»Ja, er ist unser Gott. Er und Artemis sind Zwillingsgeschwister wie wir. Und wir sind beide im Schatten seines Tempels geboren.« Xanthippes Augen begannen zu leuchten. Sie waren groß und dunkelbraun wie Haselnüsse. Sie warf ihre schwarzen halblangen Locken zurück und schneuzte ins Badetuch. Während er das heiße Wasser in die Wanne schöpfte und mit dem kühlen aus den Tonkrügen mischte, lenkte er sie von ihren eigenen Ängsten ab. »Apollon wird auch mich beschützen, wenn unsere

16

Schiffe nach Sizilien aufbrechen. Er und Artemis werden am Himmel erscheinen und Pfeile auf Syrakus herabregnen lassen. Wir Athener werden siegen, so wie es Alkibiades in seiner Rede prophezeit hat. Dann gehört uns all der Reichtum dort, die Weizenfelder und vor allem die Wälder. Wir brauchen das Holz für unsere Schiffe.«

Xanthippe nickte zustimmend. Natürlich brauchte Athen das Holz der sizilischen Wälder für seine stolze Flotte, das sah sie ein. Mehr noch aber erfüllte sie der Gedanke, daß mit der Eroberung von Syrakus die Verwirklichung ihres Kindheitstraums in greifbare Nähe rückte. Doch das verriet sie nicht. Statt dessen sagte sie: »Also gut, ich werde nach Delos fahren. Und wenn ich zurückkomme, werden wir ein Fest mit Hasenbraten feiern, bevor du dich nach Sizilien einschiffst. Wirst du auch meinen Vogel füttern, solange ich weg bin? Und morgens mußt du ihn am Hals kraulen, er wird sonst krank, wenn das niemand tut.«

Sie hielt einen Fuß ins Wasser. Die Temperatur war richtig. Mit einem Seufzer der Erleichterung ließ sie sich ganz in der Wanne versinken. Sie tauchte den Kopf unter und wusch sich das Haar. Der Gedanke an Delos erschreckte sie nicht mehr.

»Mein Freund Milon wird auch mitfahren. Du hast ihn ab und zu gesehen«, sagte Philippos fürsorglich, obwohl sie schon längst keinen Trost mehr brauchte.

»Der mit dem schwarzen Wallach?« fragte sie.

»Dann sind wir ein Dreigestirn.« Denn ihre Cousine Kallinike, ihre beste Freundin, gehörte auch zu den Auserwählten.

Wohlig streckte sie sich in dem warmen Wasser aus und schloß die Augen. Vielleicht würde sie doch schön sein in ihrem kostbaren Kleid aus dem fast durchsichtigen fließenden Stoff, das so gut zu ihren dunklen Haaren und Augen paßte. Sie stellte sich vor, wie leicht ihr darin der Tanz der Bärin mit den anderen Mädchen vor Artemis fallen würde, langsam am Anfang, die Schritte vorsichtig setzend, und schließlich immer sicherer, immer ausgelassener. Und dann am anderen Tag mit den sieben Jungen der Heilige Tanz für Apollon um den Hörneraltar. Nein, es war kein Unglück, es war ein Glück und eine Ehre, die sie stellvertretend für Athen dem Gott erweisen durfte. Vor langer Zeit hatte er vierzehn Geiseln des Königs Minos auf wunderbare Weise gerettet. Mit Prinz Theseus waren sie glücklich von Kreta zurück in ihre Heimat Athen gesegelt und hatten unterwegs auf der Insel Delos Apollon für seine Hilfe bei der Rettung vor dem Ungeheuer Minotaurus gedankt. Seitdem wiederholten die Athener ihren Dank jedes Jahr mit einer Prozession vor seinem Altar in Delos. Und sie durfte diesmal dabeisein.

Xanthippe stand in ihrem leuchtenden Kleid, mit polierten Fingernägeln und einem Lorbeerkranz im Haar zwischen den anderen festlich herausgeputzten Mädchen am Hafen. In der Ferne war die Halbinsel

Salamis zu sehen, zarte Schleier von Dunst und Nebel lagen davor. Als die Pechfackeln entzündet wurden, fielen Mütter und Väter ihren Kindern um den Hals und nahmen Abschied, als sei es für den Rest des Lebens. Xanthippe umarmte ihren Vater und Philippos. Dann gingen die Mädchen und Jungen in getrennten Reihen auf das Schiff. Es roch nach Teer. Aber der Wind vom Meer her war kühl und angenehm. Xanthippe fühlte sich schwerelos wie ein kleiner Vogel, der sich entschlossen hat, weit fortzufliegen.

Sie stand Hand in Hand mit Kallinike auf dem Schiff, als sie sich langsam vom Ufer entfernten. Die Tempel auf der Akropolis wurden kleiner, und die Lichter der Speicher und Häuser am Hafen verblaßten. Bald würden die Sterne kommen. Für einen Augenblick träumte sich Xanthippe zurück ins Haus ihres Vaters Lysimachos in der Nähe des Apollontempels. Es war jetzt die Zeit, zu der sie sonst zu Hause im Frauenraum die Fensterläden schloß. Durch die sternförmigen Öffnungen fiel noch etwas Licht ins Zimmer. Dann pflegte sie Xanthias Vogelbauer zu öffnen, damit er einige Runden drehen konnte. Er genoß es, seine Flügel auszubreiten und sich zu bewegen. Zielbewußt flog er vom Dach des Käfigs auf den Giebel über dem Türrahmen. Dort plusterte er sich auf und legte das Köpfchen schief. Manchmal ließ er sich auf ihrer Schulter nieder, wollte, daß sie ihn am Hals kraulte, und gab zärtliche Laute von sich. Xanthias würde sie vermissen. Ihr

Vater war lange auf dem Markt herumgegangen und hatte nach einem Vogel für sie gesucht, damals, als ihre Mutter gestorben war und Xanthippe nicht mehr sprechen konnte. Nach Monaten der Sprachlosigkeit war der kleine graue Vogel der erste, mit dem sie wieder redete. Nur wenige Worte am Anfang, dann langsam mehr, und schließlich erzählte sie ihm alles, was ihr durch den Kopf ging. Wenn sie allein im Haus waren, bekam er allerlei Geschichten und Lieder zu hören. Das Lied vom Seemann, der seine Liebste verlassen muß, mochte er besonders gern. Immer wenn sie es ihm vorsang, zwitscherte er.

Der Taktangeber hämmerte, die Ruderer ließen die Stangen auf die Wasserfläche klatschen, das Schiff knarrte und stöhnte, als habe es sich noch an die Fahrt zu gewöhnen. Die Mädchen lachten und tuschelten, während sie, umweht vom angenehmen Duft des Minzeöls, ihre Plätze am langen weißgedeckten Tisch im Unterdeck einnahmen. Es gab Wasserwein und honigsüßen Alle-Körner-Brei, in dem dicke rote Bohnen schwammen. Xanthippe starrte auf das bestickte Tischtuch.

»Bist du nicht hungrig?« fragte Kallinike.

»Nicht besonders.«

»Ist es wahr, daß Sokrates dich heiraten wird?«

»Sokrates? Den kenne ich gar nicht richtig.«

»Alle sagen, daß er sich in dich verliebt hat.«

»Er ist ein Freund von Philippos. Mehr weiß ich nicht von ihm. Ich darf nicht mit Männern sprechen.«

»Ich auch nicht. Und ich habe nicht einmal einen Bruder. Mein Vater ist sehr streng.«

Xanthippe hatte davon gehört. Ihr Onkel Kallias war der höchste Priester des Heiligtums von Eleusis zwischen Athen und Korinth, ein Mann, der viele Kisten Gold und silberne Teller und Becher besaß. Hin und wieder ließ er von einem Sklaven einen Korb mit abgetragener Kleidung ins Haus des Lysimachos bringen. So kam es, daß Xanthippe die alten Sandalen Kallinikes trug, bis sie ihr von den Füßen fielen, und im Winter wollene Mäntel von gutem Schnitt und aus feinster milesischer Wolle, die um ihren dünnen Körper schlenkerten. An Festtagen ließ ihnen Kallias zuweilen ein gebratenes Huhn oder einen Weizenmehlkuchen zustellen. Er bedauerte die heruntergekommene Verwandtschaft aus dem Stadtteil Alopeke. Er selbst bewohnte ein weitläufiges Haus am Rand von Piräus, in dem Dichter, Sänger und Philosophen ein und aus gingen. Berühmt waren seine großen Feste, zu denen auch Politiker und Feldherrn eingeladen waren und von denen man noch Wochen später auf dem Marktplatz sprach. Lysimachos mied das Haus seines reichen Cousins. Er mochte ein Trinker sein und die Armut seiner Familie auf dem Gewissen haben und noch manches mehr, aber ein bißchen Stolz war ihm geblieben. Doch Philippos war unbefangen. Manchmal ging er gemeinsam mit Milon in das Haus seines Onkels, wenn er gehört hatte, daß Sokrates eingeladen war oder ein Sänger die Lieder Homers und Pindars vortrug oder berühmte Tänzer eine Vorstellung gaben. Mädchen und Frauen waren ausgeschlossen, auch Kallinike, obwohl sie die Tochter des Kallias war. Xanthippe fand ihre Freundin unwiderstehlich, wenn sie sich über diese Männergesellschaft beklagte und die grünen Flecken in ihren braunen Augen dabei vor Angriffslust blitzten.

»Es ist schön, daß wir zusammen sind«, sagte Kallinike zwischen zwei Löffeln Getreidebrei. »Ich wäre nicht mitgekommen, wenn ich nicht gewußt hätte, daß du auch dazugehörst.«

»Ja, ich bin auch froh. Und es wäre doch schrecklich, mit einem Mädchen im Bett liegen zu müssen, das man überhaupt nicht kennt.«

Kallinike wippte auf der hölzernen Bank.

»Die harten Bohnen mag ich überhaupt nicht«, sagte sie und zog ein Gesicht, daß sich ihre hübschen Grübchen zeigten. Sie trug goldene Ohrringe in der Form einer Schlange und ein goldenes Kettchen um den Hals. Die Bohnen spuckte sie wirklich unter den Tisch auf den weichen Wollteppich, was ein Frevel war, denn es war ein heiliges Essen. Xanthippe schämte sich für ihre Freundin. Sie sah beiseite und überließ sich den gleichmäßig an- und abschwellenden Geräuschen unter dem Schiffsboden, ahnte die unbekannte, nicht zu fassende Tiefe. Es war wie in einem Traum, in dem alles leicht und möglich ist. Sie wußte jetzt, daß es gut gelingen würde, sehnte sich danach, die Arme auszubreiten und sich im Tanz von der Flötenmusik davontragen zu lassen.

»Was hast du?« fragte Kallinike. »Freust du dich denn nicht? Ich kann es gar nicht erwarten. Wenn der Wind günstig ist, werden wir in drei Tagen da sein. Delos ist ein einziger Rausch, sage ich dir, ich war vor ein paar Jahren mit meinen Eltern dort, um Apollon und Artemis zu opfern.«

Xanthippe wußte nicht, was sie damit meinte.

»Also«, redete Kallinike munter drauf los, »ich werde dir alles von Sokrates erzählen. Er wird ja vielleicht dein Mann.«

Die Unterhaltung am Tisch verstummte. Die Mädchen blickten von ihren Tellern auf und kicherten. Xanthippe spürte, wie ihr die Röte vom Hals bis ins Gesicht kroch.

»Wirklich Sokrates?« fragte eins der Mädchen. »Der mit der Glatze?«

»Macht euch nicht lustig über ihn«, sagte Kallinike, »dazu habt ihr kein Recht. Er ist sehr klug und berühmt. Er hat von vielen anderen Städten Einladungen bekommen, im Theater zu reden und in den Säulenhallen zu unterrichten. Doch er ist nie hingegangen. Seine Athener haben ihm genügt.«

»Aber wie er aussieht«, beharrte das Mädchen. »Er ist häßlich und hat eine Glatze und Nubierlippen, ein richtiger Widerling.«

»Mir ist es egal, wie er aussieht und wie berühmt er ist«, sagte Xanthippe. »Ich werde ihn sowieso nicht heiraten. Ich heirate überhaupt nicht. Ich werde mit meinem Bruder zusammenleben und ihm den Haushalt führen. Das haben wir einander versprochen.«

Plötzlich mußte sie weinen, ohne zu wissen, warum, und ohne sich zu fragen, ob sie nicht vielleicht doch den falschen Traum träumte. Kallinike legte den Arm um sie und führte sie fort aufs Oberdeck. Sie zeigte ihr die Sterne, die mit ihren glitzernden Mustern den Himmel wie eine Stickdecke übersäten, und erklärte ihr die Gestirne, die sie kannte. Aber Xanthippe hörte nicht zu, lehnte nur den Kopf an ihre Schulter. Wie sollte sie Kallinike sagen, daß diese Fahrt für sie nur eine kurze Täuschung war, denn normalerweise ging sie nicht in goldenen Sandalen und einem krokusfarbenen Kleid durchs Leben. Sie war arm und lief barfuß, wenn sie nicht gerade abgelegte Sandalen von Kallinike trug, und den wollenen Mantel, der immerhin noch gut war und nur wenige Stopfstellen hatte. Bei diesem Gedanken fiel ihr Sokrates ein, der nicht einmal einen solchen Mantel hatte. Selbst bei Schnee lief er in einem dünnen Leinengewand herum, das auch schon bessere Tage gekannt hatte. Sie war überrascht, wie genau sie ihn plötzlich vor sich sah, diesen wunderlichen Kauz mit seinem lächerlichen roten Haarkranz, über den sich die Mädchen lustig machten. Seltsam, daß sie ihn gar nicht mehr komisch und abstoßend fand, sondern eher auf eine rätselhafte Weise anziehend. Vielleicht hatte sie ihm ja auch von weitem gefallen, als er sie unter all den anderen Mädchen Athens für Delos auswählte. Sie verscheuchte diese Gedanken, die zu nichts führen konnten. Aber sie weinte nicht mehr.

Während die Trommeln schlugen, tanzten die vierzehn Jungen und Mädchen aus Athen den Kranichtanz um den Altar, der aus den Hörnern der von Artemis getöteten Ziegenböcke gemacht war. Mit gesenktem Kopf und einstudierten Schritten stellten sie die Szene dar, wie einst Theseus mit den athenischen Geiseln den Weg durch das Labyrinth gesucht hatte. Kallinike hielt dabei die kleine Statue aus dunklem Olivenbaumholz empor, die Liebesgöttin Aphrodite, die damals dem Prinzen Theseus die kretische Königstochter Ariadne mit ihrem rettenden Einfall zur Seite gegeben hatte. Alle vier Jahre brachte die athenische Festgesandtschaft zur Erinnerung daran eine solche kleine Götterfigur für Apollon mit.

Xanthippe hatte sich Delos nach Kallinikes Schwärmereien anders vorgestellt. Kallinike hatte wieder einmal weit übertrieben. Die Insel war klein und die Küste karg und schroff. Die drei Apollontempel waren alles andere als prächtig und nicht zu vergleichen mit denen von Athen. Doch zwischen den Tempelbezirken, den Häusern der Priester und der Hauptstraße wuchsen Weinstöcke, Oliven- und Feigenbäume. Im Hafen herrschte reger Betrieb, und an der Mole hatten zahlreiche Händler ihre Stände aufgebaut. Es gab Würste und Linsenbrei, Weinausschänke und Tische mit Götterfigürchen in Ton und Bronze. Das athenische Festschiff, die Salaminia, war das größte und aufregendste von allen Schiffen, die im Hafen lagen. Es war mit Blumengirlanden und bunten Tüchern herausgeputzt, den Bug schmückte ein aus Holz geschnitzter, vergoldeter Stierkopf, der den getöteten Minotaurus darstellen sollte.

Die Trommeln verstummten. Die Flötenspielerin erhob sich und blies eine fremdartige persische Melodie. Kallinike trat vor die Gruppe der Tanzenden, die auf einen Wink der Chorleiterin stehengeblieben waren, und zeigte allen die nackte Aphrodite aus Olivenbaumholz, die eine Lotosblüte in der ausgestreckten Hand hielt. Der Apollonpriester, ein würdevoller alter Mann in einem weißen Gewand, kam Kallinike entgegen.

»Theseus läßt dir die Göttin aus Kreta bringen, damit du sie dem Gott Apollon übergibst.«

»Dank dir, Mädchen«, erwiderte der Priester und nahm die kleine Aphrodite entgegen.

Die Trommeln setzten wieder ein. Xanthippe senkte den Blick, wie es vorgeschrieben war, und tanzte das Ende des Kranichtanzes, jetzt nicht mehr langsam und bedächtig, sondern voller Leidenschaft. Nach einem dumpfen Wirbel warfen sich alle zu Boden, atemlos und naßgeschwitzt. Die Trommeln und Flöten waren so leise geworden, daß sie kaum mehr zu hören waren. Auch die Zuschauer gaben keinen Laut von sich, obwohl es Tausende sein mußten, die auf den hölzernen Tribünen standen.

»Apollon hat euch gerettet, vergeßt das nie!« verkündete der greise Priester zum Abschluß mit so volltönender Stimme, daß es über den ganzen Festplatz hallte, der unter der heißen Mittagssonne vor sich hin brütete.

Eines Tages werde ich mit Philippos zurückkommen, dachte Xanthippe, während sie allein an der Brüstung des Schiffes lehnte und auf die Abfahrt wartete. Wir werden uns durch die bunten Stände im Hafen drängeln und durch die schattige Löwenallee gehen, ich werde ihm die Tempel zeigen und die Palme, unter der Leto ihre Zwillingskinder Apollon und Artemis zur Welt gebracht hatte. Aber erst danach, nach Sizilien. Jetzt würde Philippos nicht einmal Zeit haben, richtig zuzuhören, was sie erlebt hatte, vor lauter Trainieren für den Kampf.

Und Milon? Manchmal hatte sie seine Blicke gespürt, hatten sie sich beim Tanzen gestreift, das war alles gewesen. Er stand an der anderen Seite des Schiffes und sah in das unendliche Meer hinein. Ob er auch an die Mauern von Syrakus dachte?

Und Sokrates? Vielleicht trafen sie sich in diesem Augenblick am Rand der staubigen Laufbahn und redeten miteinander, leise und ernst, Philippos nackt, wie es beim Sport üblich war, Sokrates im Leinenhemd, auf seinen Stab gestützt, einen Hasen unter dem Arm, den er als Geschenk mitgebracht hatte. Ja, für dich, Philippos. – Wirklich für mich, Sokrates? – Für den Schönsten, also für dich. – Xanthippe streckte sehnsüchtig die Arme aus, die genau so lang waren wie die ihres Bruders, nur dünner. Sie hätte auch gern einen Hasen gehabt von Sokrates.

Kallinike schreckte sie aus ihren Gedanken auf. »Dort am Bug steht Leagros«, flüsterte sie, »und sieht schon wieder zu uns herüber.«

Leagros war auch einer von denen, die unbedingt kämpfen wollten. Es war ihm schwergefallen, an der Festreise, zu der er nun einmal auserwählt worden war, teilzunehmen und schon Tage vorher Tänze, Gesänge und Gebete für Apollon und Artemis einzuüben, statt mit Speer und Schild zu trainieren. Philippos hatte seine Witze über Milon und Leagros gemacht. Zwei hopsende Komiker vor dem Hörneraltar? Das wenigstens würde er bei der Heimkehr von ihr wissen wollen. Aber damit konnte sie ihm beim besten Willen nicht dienen. Sie war zu sehr damit beschäftigt gewesen, ihre Tanzfiguren mit der Musik in Einklang zu bringen, genug abgelenkt von den Zuschauern, den Priestern und Priesterinnen und den geöffneten Türen des Tempels, hinter denen die Götterbilder zu sehen waren. Nein, sie konnte Philippos nicht zum Lachen bringen.

Das Stückchen Himmel über den Häusern am Hafen war von der Nachmittagssonne tiefblau geworden mit einem warmen rötlichen Schimmer. Keine Kriegsschiffe an den Molen, keine aufgeregten jungen Männer, die sich auf Heldentaten vorbereiteten. Nur Bauern, Kaufleute und Händler, die es nicht eilig hatten, ihre Geschäfte abzuwickeln, und vor dem Tempel die Stille nach dem Fest. Xanthippe ertappte sich bei dem Gedanken, ihr Schiff möge ewig in diesem friedlichen Hafen von Delos liegen-

bleiben. Sie hatte plötzlich Angst vor der Kampf-
stimmung in Athen. Alle sprachen dort nur von dem
bevorstehenden Krieg gegen Syrakus. Die Jungen
führten ihre neuen Brustpanzer vor, die noch nicht
von Staub und Blut ihren Glanz verloren hatten,
ließen die Pferde tänzeln und prahlten, am Morgen in
der Palästra den Speer am weitesten geworfen zu
haben.

Erst als Xanthippe das sanfte Wippen des Schiffes
spürte, das längst in das Meer hinausfuhr, verdrängte
die Sehnsucht nach zu Hause ihre Ängste. Sie erfand
sich ihr Bild vom Danach. Die Männer waren gesund
und beutebeladen aus Sizilien zurückgekehrt, die
Schiffe wurden in Piräus an Land gezogen, repariert
und frisch bemalt. Die Stadt durchwehte der Duft
von gebratenen Ochsen, die vor den Tempeln geschlachtet worden waren, und die Weinschläuche
schienen unerschöpflich zu sein. So feierten die
Athener tagelang ihre Helden, und Sokrates und
Alkibiades hielten ihre großen Reden auf dem Markt.
Xanthippe träumte sich von einem Fest ins andere.

Das Geheimnis

Kallinike beugte sich über die Blumentöpfe vor Xanthippes Fenster und sah auf den kleinen Platz hinunter. »Sokrates ist noch nicht da«, sagte sie, »es ist bald Nachmittag.« Die Zeit also, in der Sokrates hier neuerdings aufzutauchen pflegte.

»Er wird bei der Volksversammlung sein wie die anderen Männer und über den Feldzug gegen Syrakus abstimmen«, sagte Xanthippe, ohne den Blick von ihrem Werk abzuwenden, dem blauweißen Teppich, der halbfertig vor ihr im Webstuhl hing. Sie zog die tönernen Webgewichte an die richtigen Stellen und kämmte dann noch einmal von unten gegen das Gewebe.

»Du wirst ihn doch heiraten«, sagte Kallinike.

»Ich heirate niemanden. Das weißt du.«

»Und warum webst du so verbissen an dem Teppich für deine Aussteuer?«

Kallinike roch nach ägyptischem Öl und trug die goldenen Ohrringe in Schlangenform, obwohl es ein ganz normaler Tag war. Sie war auf einem weißen Maultier von Piräus nach Alopeke zum Haus des Lysimachos geritten, begleitet von einem Diener ihres Vaters, der auf einem schönen Pferd saß und einen gestreiften Sonnenschirm über sie hielt. Das Maultier stand jetzt neben der Haustür, angebunden an ein Götterbild aus Stein, von dem kein Mensch mehr wußte, welchen Gott es eigentlich darstellte.

Auch Philippos und Lysimachos waren zum Pnyxhügel in die Stadt gegangen, wo die Politiker und Generäle debattierten. Ob man den von dem mächtigen Syrakus angegriffenen Bewohnern von Egesta wirklich zu Hilfe kommen sollte und ob Egesta, das nur eine kleinere Stadt auf der Insel war, genug Geld hatte, um die Soldaten Athens für ein paar Wochen zu bezahlen, das waren die hauptsächlichen Fragen.

»Sokrates ist gegen den Feldzug«, sagte Xanthippe. »Er hält Egesta nur für einen Vorwand, um das reiche Syrakus mit den umliegenden Weizenfeldern und Wäldern zu erobern. Philippos hat es so erzählt. Er spricht fast jeden Tag mit ihm.«

»Aber er wird nichts daran ändern können. Viele hören auf das, was er sagt, doch diesmal wird er nicht durchkommen«, sagte Kallinike. »Die meisten Athener sind dafür, alle jungen Männer und viele alte auch. Und diejenigen, die dagegen stimmen, müssen sich beugen und mit in den Krieg ziehen. So geht es auch Nikias, den sie zum General wählen wollen, obwohl er gegen den Feldzug ist, stell dir das vor.«

Xanthippe war sich auf einmal nicht mehr sicher. Sie war selbst überrascht, daß sie Sokrates zu vertrauen begann. Das »sizilische Abenteuer«, nannten die besonnenen Männer von Athen, die schon manche verlorene Schlacht erlebt hatten, den Eroberungsplan der jungen Krieger, die um jeden Preis Helden sein wollten, wie ihr Philippos. Aber wie immer, wenn man einen Traum hat, versucht man, die störende Einsicht zu verdrängen. So erging es auch Xanthippe.

»Ich hoffe, daß Philippos Truppenkommandant wird«, sagte sie, »und mit reicher Beute zurückkommt.«

»Und ich wünsche mir, daß der Krieg schnell zu Ende ist, denn Leagros und ich wollen heiraten«, sagte Kallinike.

Sie war erst vor ein paar Tagen mit Leagros, dem älteren Sohn des Nikias, verlobt worden. Er war Reiterkommandant und gehörte wie Milon zu den Freunden von Philippos, mit denen er jeden Morgen in der Palästra übte. Xanthippe war von der Verlobung nicht überrascht, denn sie hatte wohl bemerkt, daß Leagros' Blicke auf dem Schiff nicht ihr gegolten hatten.

»Ich finde, du solltest keinen alten Mann heiraten. Was machst du, wenn er in ein paar Jahren stirbt? Dann bist du noch ganz jung und schon Witwe. Ich an deiner Stelle würde warten, ob Milon dich nicht heiraten will. Der ist genauso jung und schön mit seinen dunkelblonden Haaren wie Leagros.« Kallinikes Augen strahlten.

»Hat dich denn dein Vater überhaupt gefragt, ob du Leagros heiraten möchtest?« fragte Xanthippe.

»Ja, das hat er, und ich habe ihm aus ganzem Herzen zugestimmt. Ich glaube, wir haben uns schon auf der Reise nach Delos ineinander verliebt, obwohl wir kein Wort zusammen sprachen. Aber mein Vater kennt ihn besser, unsere Familien sind seit Jahren befreundet, und er meint, wir würden gut zueinander passen und glücklich werden.«

Einen solchen Vater hatte sich Xanthippe immer gewünscht. Lysimachos dachte nie über ihr Glück nach oder ihr Unglück, das aus dem dunklen Geheimnis ihrer Kindheit kam. Oder einen Vater, wie ihn Leagros hatte, der bereits ein Haus entwerfen ließ, in dem die beiden nach der Hochzeit leben sollten, ein Haus mit zwei Balkonen vor dem Frauengemach und Platz für fünf Dienerinnen, wie Kallinike nicht müde wurde zu erzählen. Und natürlich vergaß sie nicht die Aussteuer zu erwähnen, die komplett in ihrer Truhe lag und an der sie wie jedes athenische Mädchen, seit sie denken konnte, gewebt, genäht und gestickt hatte. Nur der Teppich war noch nicht fertig, der kam immer zuletzt dran, wenn die Heirat in Sicht war.

Ruhig öffnete Xanthippe die Pinienholztruhe, in der einst ihre Mutter Ariste am Tag ihrer Hochzeit ihre Aussteuer auf dem Ochsenkarren ins Haus des Lysimachos gebracht hatte. Sie war noch fast voll, Ariste war zu wenig Zeit geblieben. Ob Milon mich heiraten würde? dachte Xanthippe beim Anblick des schweren Leinens, das hundert Jahre halten würde. Er war nur wenig älter als sie, ein hübscher, sportlicher Junge, der außerhalb der Stadt in einem großen Haus lebte. Sein Vater züchtete Pferde. Sie hatte Milon ein paarmal auf seinem Wallach gesehen, wenn er an Festtagen bei der Prozession mitritt. Es war ein auffallendes schwarzes Pferd, groß und kräftig. Und dann in Delos. In diesem Augenblick wünschte sie sich, daß er auf dem Schiff nicht aufs Meer hinausgesehen hätte.

Kallinike legte den Arm um sie und sagte: »Es ist nicht gut, wenn du Sokrates heiratest, nur weil du glaubst, du müßtest ihm dankbar sein. Er ist zu alt für dich. Außerdem geht er immer ohne Sandalen und hält seltsame Reden.«

»Ich würde mich aber gern mit ihm unterhalten und von ihm lernen, obwohl ich mir nicht vorstellen kann, daß er mit einem Mädchen wie mir überhaupt reden würde.«

Sie überlegte und ging zum offenen Fenster, als könnte von dem kleinen Platz da unten die Antwort kommen. Sokrates ist einer, der die Gedanken aus den Menschen herausholen kann, hatte ihr Philippos immer wieder erzählt. Nicht irgendwelche, sagte er, die man sonst auch gehabt hätte, nein, er stellt Fragen, und dann fallen dir plötzlich erstaunliche Dinge ein, wunderbare Erklärungen, die du auch sagen kannst. Er fragt weiter, auf eine merkwürdige Art, so als ob er sich dumm stellen würde, und du stehst da und redest drauf los wie nie zuvor, ja, und er sagt dir, daß es nicht so ist, wie du es dir gedacht hast. Er sagt es nicht direkt, du merkst es daran, wie er dich ansieht. Es ist das Größte, sich mit Sokrates zu unterhalten. Es ist, wie wenn jemand eine Tür zu deiner Seele öffnet. Ich habe mit vielen klugen Männern gesprochen, auch mit berühmten Politikern und Philosophen. Keiner war wie Sokrates.

Der kleine Platz war immer noch leer. Ob es auch in ihr etwas gab, wie in Philippos, dachte sie, das Sokrates aus ihr herausholen könnte? Würde ihm das Wunder gelingen, daß die Worte auch aus ihr sprudelten, wenn er mit ihr sprach? Aber würde er das überhaupt jemals tun? Sie war ein Mädchen, das wenig wußte, obwohl ein bißchen mehr als die anderen, und sie war nicht einmal besonders schön, so sah sie sich jedenfalls. Außerdem war sie scheu, nicht geübt in Gesprächen. Nur mit Philippos und Kallinike konnte sie unbefangen reden. Xanthippe seufzte leise. Dann wandte sie sich vom Fenster ab. Heute nicht und morgen auch nicht. Aber irgendwann, eines Tages, würde sie vor Sokrates hintreten und ihm gerade in die Augen sehen. Ich werde es tun, dachte sie entschlossen, ich werde mit Sokrates sprechen.

Kallinike saß auf der Pinienholztruhe und kaute Kürbiskerne. Xanthippe schob das Schiffchen mit den blauen Wollfäden durch die gespannten Längsschnüre des Webstuhls. Es fiel ihr nicht leicht, ihrer Freundin ihren Entschluß zu verschweigen. Sie wollte Sokrates ja nicht heiraten, sie wollte etwas von ihm haben, was Kallinike nicht verstehen würde.

Aber ein anderes Geheimnis quälte sie viel mehr. Kallinike war die einzige, der sie es erzählen könnte. Sie würde es ihr glauben. Xanthippe überlegte, ob es ihr lieber wäre, wenn Kallinike ihre Geschichte nicht glauben würde. Aber vielleicht war sie ja auch gar nicht wahr. So wie es jetzt war, im Dunkel ihrer

Erinnerung, ein Wissen, nur geteilt von Philippos und Lysimachos, war es jedenfalls irgendwie unklar und nicht wirklich. Es war aber auch das einzige, was wichtig war, so schien es ihr.

»Wann mußt du gehen, Kallinike«, fragte sie, »holt dich der Diener deines Vaters ab?«

»Er wartet bereits, ich habe sein Pferd gehört«, sagte Kallinike und küßte ihre Freundin zum Abschied.

Vielleicht war es gut so, daß sie jetzt allein war. Vielleicht hätte sie doch nicht den Mut aufgebracht, Kallinike in ihr Geheimnis einzuweihen, das sich auf einmal mit soviel Kraft in ihr Bewußtsein drängte. Es war einfacher, sich vorzustellen, wie Kallinike immer noch auf der Pinienholztruhe saß und ruhig zuhörte, was ihr in Wirklichkeit vermutlich nicht gelungen wäre.

Philippos und ich waren gerade zehn Jahre alt, als unsere Mutter Ariste starb. Es war Winter und eine sehr kalte Nacht. Wir Kinder waren von der lauten Stimme unseres Vaters wachgeworden und standen barfuß und frierend unten an der Steintreppe vor dem Wohnraum. Niemand bemerkte uns. Von Lysimachos wehte eine Weinfahne zu uns herüber. Seine Augen waren blutunterlaufen wie bei einem alten Hund. Ariste kauerte in einer Ecke, während mein Vater ihr so schreckliche Worte entgegenschleuderte, wie ich sie noch nie von ihm gehört hatte, und das wollte schon etwas bedeuten. Denn du mußt wissen, Kallinike, seit ich denken konnte, beschimpfte und beleidigte er meine Mutter, die sich nicht wehrte. Ich fürchtete mich vor ihm, auch wenn er mich manchmal, als ich noch ein Kind war, vier oder fünf, mit auf die Agora nahm, wo sich die Männer trafen. Ich rannte neben ihm her, denn er ging schnell, ohne zu bedenken, daß ich so kleine Beine hatte, und wenn ich ihn etwas fragte, tat er so, als hätte er nichts gehört. Ich glaube, es war ihm peinlich, mit einem Kind an der Hand durch die Stadt zu gehen. Er liebte seine Kinder nicht so, wie andere Väter ihre Kinder lieben oder wie Kallias dich mit seiner Fürsorglichkeit umgibt. Und er liebte auch Ariste nicht, nach allem, was wir mitanhören mußten und was er ihr angetan hat in jener Nacht. Plötzlich ging er mit geballten Fäusten auf sie los und schlug blindlings zu, immer wieder und immer wieder. Ariste wimmerte nur leise, rief nicht nach Hilfe, um uns nicht zu wecken, nehme ich heute an.

»Wir müssen ihn töten«, flüsterte Philippos, »sonst bringt er sie um.« Aber wir konnten uns nicht rühren. Ich hätte wenigstens schreien müssen, ja, das hätte ich tun müssen. Dann wären die Nachbarn vielleicht wachgeworden und hätten meine Mutter gerettet. Aber sie haben ja nicht einmal Lysimachos gehört, das wildgewordene Tier, so tröstete ich mich später, wenn mich die Vorwürfe quälten. Nachbarn schlafen besonders fest, wenn man sie braucht.

Jetzt möchtest du wissen, Kallinike, was danach geschah, und ich würde es dir gern sagen, aber ich weiß es selbst nicht mehr. Meine Erinnerung setzt an dieser Stelle aus. Am nächsten Tag waren viele Verwandte bei uns im Haus. Sie weinten und drückten uns Kinder an sich.

»Eure Mutter ist tot«, sagten sie, »ein unglücklicher Sturz im Dunkel der Nacht.«

Wir nickten schweigend. Ariste wurde im Vorraum des Hauses aufgebahrt. Lysimachos weinte. Ich bestreute mich wie die alten Frauen mit Asche, zerriß mir das Kleid und zerkratzte mir mein Gesicht.

Als die Klageweiber hereintobten und mit Heulen und Gekreische den Platz an der Bahre meiner Mutter beanspruchten, gingen Philippos und ich in den Hof und fielen uns weinend um den Hals. Wir wußten, Lysimachos hatte Ariste getötet. Draußen, in der Stadt, herrschten Schutz und Gesetz, und er wäre bestraft worden. Hinter unserer Haustür galt das alles nicht. Jetzt hatten wir nur noch uns. Nichts würde mehr sein wie früher. Wir haßten unseren Vater, ohne es jemals auszusprechen. Wir hätten ihn niemals verraten. Seine Tat war unsere gemeinsame Schande. »Sprecht nicht darüber, Kinder, niemand darf das erfahren«, so hätte uns Ariste eingeschworen und uns mit einem scheuen Lächeln umarmt, wenn sie noch dagewesen wäre. Philippos und ich waren uns ganz sicher. Wir haben unser Geheimnis begraben, jeder in sich.

Seitdem war ich stumm. Monatelang sprach ich mit keinem Menschen. Nur unserem Hund flüsterte ich zärtliche Worte zu, wenn wir allein waren, und dann Xanthias, einer klugen Wachtel, die Lysimachos eines Tages in einem Käfig anbrachte und mir schenkte. Jedes Geschöpf und jedes Ding hat seinen Namen, ich kannte sie natürlich alle, aber nannte sie nie. Ich betrachtete sie nur genauer als früher. Wie immer tat ich meine Pflichten im Haushalt, und wenn ich das Essen auf den Tisch stellte, tat ich es schweigend, und wenn ich zum Brunnenhaus ging, mied ich die anderen Frauen und Mädchen. Ich hatte das Gefühl, neben mir herzulaufen, nur Entfernungen zurückzulegen, kein Ziel zu haben. Lysimachos wurde nervös und brachte mich zu berühmten Ärzten. Ohne Erfolg. Selbst wenn er mich anschrie, ich würde ja langsam verblöden, reagierte ich nicht.

Xanthippe stand auf. »Jetzt kennst du mein Geheimnis, Kallinike«, sagte sie laut und ohne Furcht, es verraten zu haben.

Der Menschenfänger

Ein paar Wochen waren vergangen. Es war das Jahr
415, das die Geschichtsschreiber einmal als Schick-
salsjahr für Athen bezeichnen würden. Kriegseupho-
rie beherrschte nun vollends die Stadt. Die Jungen
hockten nackt in der Palästra, redeten hitzig über
Sizilien und zeichneten mit dem Rechen die Umrisse
der fremden Insel mit ihren Städten in den weichen
Sand.

Es gab ältere Leute, die vor dem Zug nach Sizilien
ernstlich warnten. Sokrates gehörte dazu, aber auch
einer wie Nikias. Sie standen mit ihren Bedenken
ziemlich allein da. Nikias wurde in der Volksversammlung niedergebrüllt, wenn er die Risiken auf-
zählte. Zwei Abgesandte Athens waren in Egesta
gewesen. Dort hatte man ihnen Kisten voller Gold
und silberner Gefäße aus dem Tempelschatz der
Stadtgöttin gezeigt. Was die Athener nicht wußten
war die Tatsache, daß der Schatz aus sämtlichen
Städten im weiteren Umkreis hastig zusammengelie-
hen worden war und hinterher zurückgegeben werden mußte. Ebensowenig gab es sichere Zusagen von
anderen Bundesgenossen mitzukämpfen. Und im
übrigen, mit Sparta lag Athen ohnehin im Krieg.

»Wißt ihr eigentlich«, rief Nikias den Bürgern
leidenschaftlich zu, »daß Syrakus inzwischen mächtiger ist als Athen?«

»Verräter!« riefen die feurigen Patrioten.

Aber Nikias ließ sich nicht beirren. »Mehr als die Hälfte von Sizilien gehört Syrakus, die Städte und das fruchtbare Umland, und es gibt keine Probleme, das riesige Heer der Söldner zu bezahlen und die Flotte, die seit langem die Meere beherrscht. Syrakus ist mit seinen Wehrmauern und Forts auf den Hügeln eine einzige Festung. Im großen Hafen lassen sie die Kettensperren runter, und wir sitzen in der Falle. Und sollte uns doch eine Belagerung gelingen, dann verhungern und erfrieren eher unsere Soldaten ohne Nachschub und in ihren Zelten auf freiem Feld als die Syrakusaner in ihren Häusern und mit den großen Weizenmagazinen in der Stadt.«

»Dieser Mann soll unser General sein?« tönte eine Stimme aus der Menge.

Nikias schwieg. Noch hatte er nicht zugestimmt.

Selbst Leagros, der seinen Vater verehrte, fand, daß er zu weit gegangen war. Auch auf seine Hochzeit, die Nikias vor dem Auslaufen der Flotte angesetzt hatte, freute er sich nur halbherzig. Er hätte lieber als siegreicher Held geheiratet. »Unkenrufe«, sagte er zu Philippos, »wir werden bald zurück sein mit reicher Beute.«

Die eilig vorbereitete Hochzeit im Haus des Nikias stand im Zeichen der allgemeinen Turbulenzen. Überall in der Stadt gab es jetzt jeden Tag Hochzeiten. Kein rauschendes Fest also, wie es sich Kallinike erträumt hatte. Das Haus war mit Girlanden aus Ölbaum- und Lorbeerzweigen geschmückt, und Kallinike und Leagros trugen Kränze aus roten Mohnblumen im Haar. Ein Junge, dessen Eltern noch lebten, so verlangte es der Brauch, ging zwischen den Gästen umher, verteilte Brot aus einem Korb und murmelte dabei wie ein kleiner Schlangenbeschwörer immer wieder den einen Satz: »Das Böse hab' ich überwunden, das Bessere nun gefunden.« Aber die Tänzerinnen und Flötenspielerinnen waren nur zweite Wahl, und auch das Festmahl fiel nicht so üppig aus wie vorgesehen, weil kaum noch zusätzliche Köche zu mieten waren.

Xanthippe hatte ihr blaues Lieblingskleid angezogen, das die Arme freiließ und sie noch dünner und knabenhafter machte. Dazu trug sie eine silberne Halskette, die ihr Großvater Aristides vor Jahrzehnten aus der persischen Beute gekauft hatte, und ihre einzigen Ohrringe, kleine Perlen in goldener Fassung, die sie von Ariste geerbt hatte. Kallinike kam ihr heute sehr weit entfernt vor, und das lag nicht nur an dem feinen weißen Schleier, der ihr Gesicht verhüllte. Sie hat ihren Grund, dachte Xanthippe, den Männern nicht zuzuhören, die das Auslaufen der Flotte gar nicht erwarten können. Die Braut, die bald allein sein wird. Die Männer sprachen über die Vorbereitungen für Sizilien und darüber, wie es nach dem Sieg werden würde. Katana, Gela, Himera, Egesta, Namen von Städten, die weder Xanthippe noch Kallinike vor ein paar Monaten etwas gesagt hätten.

Lysimachos taumelte angetrunken durch den Festsaal. Sokrates saß auf der Türschwelle neben Philippos und hatte den Arm um ihn gelegt. Er war auch nicht mehr ganz nüchtern und hatte Mühe, den Kranz aus Efeulaub auf seiner Glatze zu balancieren. Xanthippe sah ihn zum erstenmal mit Sandalen und in einem blütenweißen Gewand, und er schien frisch gebadet zu sein. Aber neben Philippos war er eben doch ein alter Mann. Xanthippe liebte ihren Bruder in diesem Moment mehr denn je, seine sonnengebräunte Haut, die strahlenden grauen Augen und das ausgeprägte Kinn, das seinem weichen Gesicht so etwas wie Kühnheit verlieh. Er sah schön aus und stolz. Und stolz war er auch, das wußte sie. Er sollte ein Pferd für die Schlacht bekommen, eine Auszeichnung, denn Athen verfügte nur über wenige Pferde, während Sizilien für seine Reitertruppen berühmt war. Die beiden Generäle, Alkibiades und Nikias, der sich dem Willen der Volksversammlung gebeugt hatte, kauften in den letzten Tagen alle verfügbaren Pferde aus den Nachbarstädten auf, zu jedem Preis und welchen Gaul auch immer, selbst einen so alten wie den zwanzigjährigen Fuchs, der Philippos zugedacht war.

Sokrates stand auf und hielt sich am Türrahmen fest. Und dann geschah es. Er hob die Hand und winkte Xanthippe zu. Es war das erste Mal. Vielleicht der Anfang, dachte sie.

Wenige Tage später trafen Boten aus Egesta in Athen ein und überbrachten ein paar Kisten Gold, wenn auch nur einen geringen Teil dessen, was vereinbart worden war. Im Vertrauen auf eine Blitzaktion und reiche Beute beschloß die Volksversammlung dennoch das sofortige Auslaufen der Schiffe, die dichtgedrängt im Hafen lagen und auf diesen Augenblick warteten.

Der Abschied von Philippos war ein bescheidenes Fest, mit Hasenbraten und Thunfisch und einer einzigen Flötenbläserin. Nur zwei, drei Nachbarn und Sokrates waren gekommen, die keine Söhne hatten, wie die meisten Familien in der Stadt, die verabschiedet werden mußten. Xanthippe war nervös, als sie den Männern die Speisen brachte. So nah war sie Sokrates noch nie gewesen. Hinzu kam eine andere Sache, die sie verwirrte. Wie sollte sie sich bei ihm für Delos bedanken, falls er sie nicht beachtete, wie die athenischen Männer es taten, wenn die Frauen sie bedienten. Überhaupt, sie wurde nicht schlau aus ihm. Kürzlich hatte er, wie Kallinike ihr erzählte, beim Rat der Stadt für Lysimachos eine Staatsrente beantragt, die vom Ältestenrat auch bewilligt wurde. Was ging es ihn an, daß ihr Vater vor dem Apollontempel in Alopeke herumorakelte für ein paar schäbige Obolen. Er fühlte sich wohl dabei, er kam damit zurecht, was hätte er auch sonst tun sollen. Mit einer Staatsrente in der Tasche würde er den ganzen Tag zu Hause am Weinschlauch hängen und sie und Philippos tyrannisieren. Sie alle wären unglücklicher als in ihrer Armut. Es war kein Geschenk an Lysimachos, davon war Xanthippe überzeugt, es war ein Geschenk, das sich die Stadt selbst machte, um die

Schande der Familie des Aristides aus der Welt zu schaffen. Und Sokrates? War das auch sein Grund? Oder tat er es für Philippos?

Er lag neben ihm auf der Kline, dem bequemen Bett, auf dem die Männer zu reden und zu speisen pflegten. Es war nicht zu übersehen, daß ihr Bruder ihm gefiel. Sie errötete und wußte nicht, ob es Eifersucht war oder Scham, und konnte doch die Augen nicht von Sokrates Hand abwenden, die auf Philippos nackter Schulter ruhte, als gehöre sie ihm.

Sokrates sah sie an, lange und so fest, daß es unschicklich war und sie den Blick senkte. Verlegen stellte sie die Platte mit den Thunfischscheiben auf dem Tisch neben ihm ab. Sie bemerkte, daß er lächelte, ja, er lächelte ihr gerade ins Gesicht. Später, als sie sich die Situation, die ihr unerklärlich war, immer wieder durchspielte, fand sie die Lösung. Sokrates war einer, der die verborgensten Gefühle der Menschen durchschaute. Darin lag seine Macht über sie. Er war ein Menschenfänger. Aber das wußte sie zu diesem Zeitpunkt noch nicht.

»Sag, wer bist du?« fragte Sokrates.

»Ich bin Philippos' Schwester.«

Nur eine Schwester. Ein Zwilling. Ein Teil von Philippos. Nicht er und nicht Xanthippe. So war es.

»Das meine ich nicht. Ich will deinen Namen wissen.«

Zum Glück wurde sie wütend. Also doch, er hatte nicht ein Mädchen, das ihm gefiel, das er schön fand, für Delos vorgeschlagen. Er hatte zum Rat der Stadt gesagt: Meine Wahl ist die Schwester von Philippos oder, noch wahrscheinlicher: Sie ist die Enkelin von Aristides.

»Ich heiße Xanthippe«, sagte sie trotzig und so laut, daß sogar Lysimachos vor Staunen den Weinschlauch fallen ließ. Sokrates löste sich von Philippos und richtete sich auf.

»So gefällst du mir schon besser. Erzähl mir ein bißchen, irgendwas.«

»Ich weiß nichts.« Und sie wußte ja wirklich nicht viel, obwohl sie es noch nie so bedauert hatte wie in diesem Augenblick.

»Das glaube ich nicht. Es fehlt dir nur an Stolz und Mut. Du warst die Schönste von allen im Prozessionszug, du warst schön wie eine Göttin.«

Es war das Festkleid, dachte sie, es war eine Täuschung. Sie war lang und knochig, und jetzt roch sie auch noch nach Bratenfett und Fisch. Göttinnen sahen anders aus und hatten keine vom Küchendunst verklebten Haare. Trotzdem spürte sie, daß Sokrates sich nicht über sie lustig machte, daß ihm irgend etwas ernst war, während er mit ihr sprach und sie dabei unverwandt ansah.

»Ich bin geehrt, daß du mit mir redest, Sokrates«, sagte sie, und ihre Stimme klang gar nicht mehr verlegen, wie es Lysimachos und die anderen Männer bestimmt von ihr erwartet hätten.

Sokrates erhob sich schwerfällig von der niedrigen Liege und legte seine Hand auf ihre Schulter, die nur halb vom Tuch des leichten Kleides aus milesischer

46

Wolle bedeckt war, so wie er es zuvor bei Philippos getan hatte.

»Du bist sehr freundlich zu einem alten Mann. Verrätst du mir auch, wen du dir unter den jungen Schönen-und-Guten dieser Stadt zum Bräutigam ausgewählt hast?«

»Niemanden«, sagte Xanthippe, »ich heirate niemanden. Ich habe Philippos. Und außerdem«, fügte sie leise hinzu, »würde mich von denen auch keiner haben wollen. Wir sind arm.«

»Ach Philippos«, lachte Sokrates, »Philippos ist ein guter Grund. Und was die Mitgift betrifft, dann mußt du eben einen Mann heiraten, dem Geld nichts bedeutet. Du bist jung und hübsch. Vielleicht einen weisen Mann, was hältst du davon?«

»Ich kenne keine weisen Männer. Ich kenne überhaupt niemanden außer meiner Verwandtschaft und ein paar Mädchen in Alopeke. Aber ich wäre auch zu unwissend für einen weisen Mann. Was sollte er mit mir anfangen? Philippos hat viel gelernt, er war bei den Sophisten und versteht sich auszudrücken. Ich kann gerade etwas lesen und schreiben, sonst nichts.«

Das sei mehr als genug, schaltete sich Lysimachos ein, der mit Philippos und den Gästen hinzugekommen war, Frauen gehörten in die Küche.

»Schon gut, Lysimachos«, sagte Sokrates überraschend milde, denn er war bekannt für seine aufbrausende Art, wenn er in einem Gespräch unterbrochen wurde. Seine Hand streifte leicht über Xanthippes

Arm. »Ich bin ein alter, häßlicher Mann, der auch nichts weiß und nichts gelernt hat. Und ich habe nicht einmal einen berühmten Großvater wie du. In deinem Alter war ich ein armseliger Steinmetzgeselle in der Werkstatt meines Vaters, wo es keine klugen Bücher gab. Ich hatte allerdings immer mein Daimonion in mir, das mir manchmal erstaunliche Dinge offenbart, schreckliche meistens, aber auch schöne, so wie heute abend.«

Sie wußte, was sein Daimonion war. Philippos hatte ihr von der göttlichen Stimme erzählt, die Sokrates manchmal in sich hörte. Sonst wäre seine Weisheit nicht zu begreifen, hatte Philippos ihr erklärt. Jetzt sah Philippos mißmutig aus. Er liebte seine Schwester wie keinen Menschen sonst auf der Welt. Nur Sokrates wollte er nicht mit ihr teilen.

Lysimachos, der plötzlich ganz nüchtern wirkte, wollte von Sokrates den Spruch seines Daimonions, auf den er angespielt hatte, hören. Sokrates winkte ab. »Was euch betrifft, so kennt ihr die Warnungen meines Daimonions seit langem. Laßt eure Söhne nicht nach Syrakus ziehen. Die Schiffe werden untergehen, die Krieger getötet oder als Sklaven im Steinbruch arbeiten.« Es war sinnlos, das alles noch einmal aufzuzählen. Wie oft hatte er zu Lysimachos gesagt, verstecke deinen Sohn, schicke ihn aufs Land zu Verwandten, wenn du ihn liebst. Immer die gleiche Antwort, die so einfach war: Apollon wird unsere Söhne schützen! Was vermochte ein Gott gegen Unverstand.

»Die Götter sind mit Athen«, sagte Lysimachos tatsächlich wieder. »Alle Opfer sind gut ausgefallen, die Wahrsager haben unseren Sieg prophezeit.«

»Ja, ja, die Wahrsager«, murmelte Sokrates, »die reden dem Volk zum Maul.« Er war müde. Er hatte verloren, bevor Athen verloren hatte.

Die gute Stimmung war verflogen, die leisen Melodien der Flötenspielerin verstummt, die Gäste begannen aufzubrechen. Xanthippe ging zum Fenster und hielt ihr erhitztes Gesicht in die kühle Nachtluft. Der Himmel war schwarz und leer, ohne das tröstende Licht der Sterne. Auch die Vögel in den Höfen hatten längst ihren fröhlichen Lärm eingestellt und schliefen in den Sonnenaufgang hinein. Sie sehnte sich nach einem Wort des Abschieds. Da spürte sie, wie eine Hand das Haar von ihrem Ohr strich. »Heirate Xanthippe, die Tochter des Lysimachos«, flüsterte Sokrates, »das hat mir mein Daimonion heute abend gesagt. Und was sagst du?« Nach einem kurzen Moment des Erschreckens drehte sie sich zu ihm um. In seinen Augen erkannte sie, daß er es ernst meinte. Und sie sah auch, daß von seinen Augen etwas ausstrahlte, das ihn schön machte. Sie war ihm verfallen, wie Philippos und all die anderen. Sokrates, der Menschenfänger.

Aber sie sagte, was von einem athenischen Mädchen erwartet wurde: »Das muß mein Vater entscheiden.«

»Du bist nicht irgendein Mädchen«, antwortete Sokrates mit seinem unwiderstehlichen Lächeln.

»Du bist die Enkelin des Aristides, des klügsten und gerechtesten Mannes, der je in Athen gelebt hat. Von dir will ich wissen, bevor ich zu Lysimachos gehe, ob du Sokrates heiraten willst, der 40 Jahre älter ist als du und in Armut lebt.«

Das Leben mit Philippos war ein Kindheitstraum, Angst vor dem Ungewissen, das fühlte sie jetzt, und Milon auf seinem schwarzen Pferd war ein schönes Spiel gewesen, das sie mit Kallinike mitgespielt hatte.

»Es wäre mir eine Ehre, dich zu heiraten, Sokrates«, sagte sie und sprach zum ersten Mal seinen Namen aus.

»Weiter nichts, Xanthippe, nur eine Ehre?«

»Ich glaube, ich werde glücklich sein.«

Als er gegangen war, auch Philippos und Lysimachos schon schliefen, trug sie die Speisereste in die Küche und wusch das Geschirr ab, wie es sich gehörte. Dann ging sie in den verwilderten kleinen Hof hinter dem Haus, wo ihr zotteliger thrakischer Hund Lymettos unter einem Busch träumte. Sie nahm ihn auf den Arm, küßte seine feuchte Schnauze, aus der sie ein schlechter Geruch anwehte, wie er aus allen tiefen Schläfern kommt, und erzählte ihm von Sokrates. In diesem Augenblick jedenfalls war sie glücklich.

Am nächsten Tag waren fast alle Familien von Athen am Hafen versammelt, um sich von ihren Männern, Söhnen und Brüdern zu verabschieden. Xanthippe mußte Sokrates vergessen und ihren alten Traum hervorholen, um nicht loszuweinen. Athen wird siegen und Philippos strahlend und mit reicher Beute zurückkehren. Milesische Kleider, dachte sie, Stoffballen, ein Maultier, mit Säcken beladen. Nur an ein Leben in Syrakus dachte sie nicht mehr.

Philippos hatte alles Knabenhafte verloren. In seiner glänzenden Rüstung erschien er ihr männlich und stark. Aber so war es doch zu allen Zeiten gewesen. Selbst schmächtige und unscheinbare Männer wirken auf einmal schön und kraftvoll, sobald sie in einer Rüstung stecken.

Es lag eine gedrückte Stimmung über den Menschen im Hafen, ungewohnt für diesen Anlaß, denn Athen schickte nicht zum ersten Mal seine Flotte auf einen Eroberungskrieg aus. Aber es war auch etwas Unfaßbares in der vergangenen Nacht passiert. Unbekannte hatten die Götterbilder an den Straßen und Wegkreuzungen mit Farbe beschmiert und umgestoßen. Trunkenbolde, sagten die einen, Feinde Athens, argwöhnten die anderen.

»Ein schlechtes Vorzeichen«, wiederholte Lysimachos immer wieder. Natürlich hatte er getrunken, schon am Morgen, als Sokrates ihm seinen Heiratsantrag überbrachte, doch er hatte recht.

»Der Name unseres Feldherrn ist Nikias, und der bedeutet, ›der Siegreiche‹«, sagte Philippos aufmunternd. »Ich glaube an dieses Omen.«

Während Xanthippe ihn zum Abschied umarmte und seine kalte Rüstung durch ihr dünnes Gewand spürte, erschauerte sie. »Paß gut auf dich auf, Philippos«, sagte sie mit einem Tränenkloß im Hals. Und als er sie tröstete: »Hab keine Angst, wir werden bald zurücksein, und dann schlachten wir einen Ochsen, wenn du deinen Philosophen heiratest«, schwieg sie.

Die Männer bestiegen die Schiffe, in denen die Ruderer bereits hinter ihren Stangen saßen. Nachdem die Säcke mit Proviant und Kriegsmaterial verladen waren, ertönte ein Trompetenstoß, das Signal für die Gebete, die alle, auch die Menschen im Hafen, den Worten eines Vorbeters leise nachsprachen. Dabei gossen die Offiziere und jungen Krieger ihr Trankopfer aus goldenen und silbernen Schalen ins Meer. Unter dem gemeinsamen Singen der athenischen Hymne liefen die Schiffe aus, zunächst in geschlossener Reihe, dann lieferten sie sich Wettrennen bis auf die Höhe der Insel Aigina. So kamen sie gut voran auf ihrem Weg nach Korkyra, wo die Schiffe der Bundesgenossen, die sich Athen schließlich doch angeschlossen hatten, auf sie warteten.

Als die letzten Punkte am Horizont verschwunden waren, machten sich die Familien schweigend auf den Heimweg. Xanthippe ging neben Lysimachos, der sich erstaunlich gerade hielt. Plötzlich tauchte Kallinike neben ihnen auf. »Komm mit zu mir, Xanthippe, ich fürchte mich allein in unserem großen Haus«, bat sie, und weil sie wirklich jämmerlich aussah, stimmte Lysimachos zu.

Im Frauengemach, das hell und golden war von der Sonne, die durch die tiefgezogenen Balkonfenster strahlte, hing der Teppich noch immer unfertig im Webstuhl, noch unfertiger, wie es Xanthippe schien, als sie ihn vor der Hochzeit gesehen hatte.

Kallinike, die den Blick ihrer Freundin verstanden hatte, warf sich weinend auf das Bett. »Ich werde ihn nie mehr fertig machen, ich werde ihn nicht mehr brauchen«, kam ihre Stimme verquollen aus den Kissen. »Und überhaupt. Ich hasse den Geruch in diesem neuen Haus, die frische Farbe und vor allem das rohe Holz. Totenhäuser riechen so.«

Warum fielen Xanthippe keine Worte des Trostes ein? Weil es keine gab? Oder weil ihre Gedanken abschweiften von Kallinikes Angst um Leagros, auch von ihrer eigenen Angst um Philippos? Aber so ist das manchmal mit der Liebe. Noch war Xanthippe nicht Sokrates' Frau, und sie war es doch, während sie auf dem Bettrand saß und Kallinike die Tränen von den Wangen tupfte. Sie stand als verheiratete Frau auf dem Markt und kaufte sich, um Sokrates zu gefallen, einen gestreiften Aryballos aus Korinth mit schwerem, dunkelriechendem Öl, den sie sich nach Jungenart um den Hals hängen würde, an einer fettigen Kordel, wie sie Philippos über seinem Bett hängen hatte. Ach, Philippos. Sie beugte sich über Kallinike und weinte mit ihr.

Die Äpfel des Sokrates

Das Fest der Weinlese war vorbei und die Ernte
besonders üppig ausgefallen. Erste Nachrichten aus
Sizilien hatten die Stadt erreicht: kleine Siege in
Reitergefechten, Geschichten von gefangengenom-
menen Syrakusanern, die von den athenischen Soldaten gleich verkauft worden waren – die Dinge
standen nicht schlecht.

Nur die Schändung der Götterbilder in der Nacht
vor der Ausfahrt der Flotte war noch nicht aufgeklärt
und beunruhigte die Gemüter. Täglich machten
neue Gerüchte die Runde, aber dabei blieb es. Man
folterte die Sklaven einiger Männer, die unter Ver-
dacht standen, ohne Erfolg. Lediglich der Name Alkibiades tauchte immer wieder auf, wenn es auch
keine konkreten Anhaltspunkte für die Tat gab, nur
die Aussagen von mehreren Sklaven, die überein-
stimmend eine allerdings unerhörte Szene von ver-
gleichbarem Frevel schilderten. Sie berichteten,
Alkibiades habe vor einiger Zeit bei einem Fest in
seinem Haus zu später Stunde das Mysterienspiel
imitiert, nicht eins der kleinen Mysterien, die in
jedem Jahr stattfanden, sondern das große eleusini-
sche, auf das sich die Gläubigen mit tagelangem Fa-
sten und nächtlichen Gebeten alle vier Jahre vorbereiteten. Er habe die heiligen Geräte verhöhnt und
die geheimen Worte ausgerufen, die die Eingeweihten, und das waren die meisten Bürger Athens, nach

dem Willen der Götter in Jahrhunderten nicht preis-
gegeben hatten. Und schließlich habe er die
schlimmste Gotteslästerung begangen, nämlich das
gezeigt, was nur der Daduchos Kallias den Eingeweihten auf dem Höhepunkt der Mysterien um Mitternacht zeigen durfte, das größte Geheimnis Demeters, der Göttin der Fruchtbarkeit, und das auch die
berichtenden Sklaven nur mit gesenktem Kopf um-
schrieben. Die Volksversammlung beschloß, Alkibiades wegen Verspottung der Geheimnisse von
Eleusis den Prozeß zu machen, der vielleicht auch die
Schändung der Götterbilder ans Tageslicht bringen
würde. Man beschloß, das Staatsschiff Salaminia
nach Sizilien auszuschicken und ihn, den General
Athens, zurückzuholen. Die Stadt war in Aufruhr,
die Spekulationen, wer aus dem Umkreis des Alkibiades noch in die Sache verwickelt sein könnte,
blühten.

»Dein Sokrates glaubt auch nicht an die Götter«,
sagte beispielsweise Kallinike zu Xanthippe, die ihn
erschrocken verteidigte.

»Das ist nicht wahr. Er nimmt an den Gebeten teil
und an den Sühneopfern. Besonders verehrt er Apollon. Und er hört auf eine göttliche Stimme, die
manchmal zu ihm spricht.«

»Aber er war ein Freund von Alkibiades und sein
Lehrer. Er hat ihm die Götterverachtung beigebracht. Wer sonst als dein Philosoph, der soviel Ein-
fluß auf die Menschen hat.«

Kallinike hatte sich verändert, seit die Männer

nach Syrakus ausgefahren waren. Sie hatte ihre fröhliche Unbekümmertheit verloren, die Xanthippe an ihr so liebte und bewunderte. Sie war launisch geworden. Mal war sie hart und auch ungerecht, wie es Xanthippe in diesem Augenblick empfand, mal weinte sie aus heiterem Himmel drauf los. Sie erwartet ein Kind, sagten die Frauen, die einen Blick dafür hatten. Aber Kallinike schien sich nicht darauf zu freuen, sonst hätte sie es ihrer Freundin erzählt, die sie seit Jahren mit dem sprudelnden Strom ihrer kleinen Erlebnisse und Empfindungen überschüttete. Sie hat Angst um Leagros, von dem seit Wochen keine Nachricht mehr gekommen war, dachte Xanthippe und verhielt sich nachsichtig, wenn Kallinike sie mit ihren Launen plagte.

Heute war das anders. Xanthippe wehrte sich dagegen, in Kallinikes Ängste hineingezogen zu werden, obwohl es ihr nicht recht gelingen wollte. Sie glaubte ja auch wie Kallinike, daß ein großes Unglück bevorstand. Die Götter ließen sich nicht ungestraft von den Sterblichen lächerlich machen und ihre Bilder schänden. Gottlosigkeit war der Anfang allen menschlichen Unglücks. Sie zog Pest und Krieg und Tod nach sich. Darum hatte es zu allen Zeiten in Athen Prozesse wegen Gottlosigkeit gegeben, zu Recht, wie Xanthippe meinte. Aber was hatte Sokrates damit zu tun?

Kallinike hörte nicht auf, sie zu quälen. »Was weißt du überhaupt von Sokrates, um ihn so verteidigen zu können. Er redet doch kaum mit dir.«

Das stimmte. Fast nichts. Ein paar Sätze, allgemeine Floskeln zwischen ihnen: Wie geht es dir, Xanthippe? – Ach, ganz gut. – Was hast du heute getan? – Ich war in der Küche. – Die ist bestimmt blitzblank. – Ich denke schon. Das war alles. Sie wußte wirklich nicht viel über ihn. Bis jetzt.

Sie stand hastig auf. »Ich muß gehen.«

Die Sonne brütete noch hoch am Himmel. Xanthippe hatte Kallinike in letzter Zeit oft besucht, um sie zu trösten, und war immer erst gegen Abend auf dem braunen Maultier in Begleitung des komischen Sonnenschirm-Dieners heimgeritten. Jetzt wollte sie nach Hause, sofort.

»Aber es ist doch noch früh«, sagte Kallinike ahnungslos. »Warte wenigstens, bis der Diener vom Markt zurückkommt und das Maultier holt.«

Xanthippe wollte laufen. Sie wollte allein sein. Und ihr Strohhut mit dem breiten Tellerrand schützte sie viel angenehmer vor der Sonne als alle gestreiften Schirme dieser Welt.

Es war ein weiter Weg von Piräus nach Alopeke, das östlich der Stadt in den Hügeln lag. Er führte am Meer entlang, von dem kühlende Luft heranwehte und über das Philippos davongefahren war. Am Ende der Stadt kamen die Olivenhaine. Sie ging schnell, nahm sich kaum Zeit, ein paar Feigen zu pflücken, die über einen Zaun herabhingen, der ein einsames Gehöft umgab. Sie hatte etwas vor. Als sie die ersten Häuser von Alopeke erreichte, brach sie neben einem Hoftor einen blühenden Oleanderzweig ab. Sie liebte Oleander, die Lorbeerrose, und ihren narkotischen Duft, der den roten und weißen Blüten entströmte, wenn sie sich im Wasserkrug von Minute zu Minute öffneten, als hätten sie es eilig, ihre ganze Pracht zu entfalten, bevor sie, ihrer Wurzeln beraubt, sterben mußten.

Sokrates war schon da. Er hockte unter dem Sonnensegel des Nachbarhauses auf dem Boden und spuckte wie immer Olivenkerne aus.

»Ohne Maultier und ohne Begleitung?« fragte er.

Heute keine Allerweltsfloskeln. Statt einer Antwort sagte sie: »Du kannst zu uns auf den Hof kommen. Ich mische dir einen Wasserwein.«

Um diese Zeit war Lysimachos noch beim Apollontempel. Sie wußte, es würde spät werden. Seine Orakeldeutungen waren gefragter denn je. Alles drehte sich um das eine: Werden wir siegen, werden unsere Angehörigen bald zurückkommen, sind sie gesund. Das Geschäft blühte.

Die Tür zur Küche stand offen, wo Lymettos auf dem Steinboden schlief und ab und zu mit dem Schwanz die Fliegen vertrieb. Xanthippe saß schweigend neben Sokrates auf der untersten Stufe zum Innenhof und wartete. Sie erwartete etwas von ihm.

Er holte einen Apfel aus seinem Gewand und hielt ihn ihr hin. »Magst du einen Apfel?« fragte er.

Sie erschrak, als sie den angefaulten Apfel sah. »Eigentlich ja, aber den nicht.«

»Ich werde ihn ausschneiden. Die alten Äpfel müssen zuerst gegessen werden.« Er zog aus den unergründlichen Falten seines Gewandes, das ihm wie ein zu weiter Sack um den schmächtigen Körper hing, ein Messer und begann, in aller Ruhe die faulen Stellen aus dem Apfel herauszuschnippeln.

»Ich weiß nichts von dir, Sokrates, jedenfalls nicht wirklich etwas, nur das, was die Leute sagen. Ich will dich kennen und verstehen, soweit das einem Mädchen möglich ist. Erzähle mir von deinem Leben, von Anfang an.«

Es fiel ihr nicht schwer, so mit ihm zu reden. Sie hatte sich während des langen Fußmarsches von Piräus nach Alopeke auf diesen Moment vorbereitet.

Er legte Apfel und Messer beiseite. »Ach Xanthippe, ich bin jetzt 55 Jahre alt. Das ist eine zu lange Geschichte«, sagte er, und wieder glitt jenes Lächeln über sein Gesicht, mit dem er in der Nacht von Philippos Abschied um sie geworben hatte.

»Versuch es bitte. Wie soll ich dich heiraten, wenn ich nichts von dir weiß.«

Er blickte auf das wilde Apfelbäumchen, das sich an die Mauer des Hofes drückte, als könnte er dort seine Erinnerung finden. Dann begann er.

»Mein Vater Sophroniskos hatte eine Steinmetzwerkstatt hier in Alopeke. Er meißelte Grabreliefs und Götterbilder. Es war kein einträgliches Geschäft. Damals hatten die reichen Athener unser Fleckchen in den Hügeln noch nicht für ihre Landhäuser entdeckt. Alopeke, der Fuchs. Alopeke war tatsächlich der Ort, wo sich die Füchse gute Nacht sagten. Aber es gab viele Aufträge von den weniger betuchten Leuten aus der Umgebung. Mein Vater hatte keinen Gehilfen. Ich mußte ihm schon als kleiner Junge zur Hand gehen. Er zeigte mir, wie man Splitter für Splitter aus dem Stein und dem spröden Marmorblock heruntermeißeln mußte, mit viel Geduld. Vor allem die Geduld war eine gute Lehre für mich. Aber damals, als Kind, war ich unzufrieden und quengelte. Ich wollte lieber draußen spielen, wie andere Kinder auch, die keinen Steinmetzvater hatten. Ich erinnere mich, meine Augen waren immer entzündet, und ich hatte ständig einen trockenen Husten von all dem Staub. Das gleichmäßige Hämmern meines Vaters, der die halbe Nacht arbeitete, dröhnte bis in meinen Schlaf. Mein Vater war früh verbraucht von seiner vielen Arbeit. Die Friedhöfe an den Straßen waren vollgestellt mit Grabreliefs aus seiner Werkstatt. Sogar auf der Agora in Athen standen später Weihegaben, die er geschaffen hatte. Als ich so alt war wie du und Philippos, mußte ich ihn mehr und mehr ersetzen. Aber wenn ich schon ein Steinmetz sein sollte, dann wollte ich ein noch besserer sein als mein Vater.«

Sokrates lächelte und reichte ihr den ausgeschälten Apfel, den er ganz vergessen hatte.

»Ja, damals war ich noch ehrgeizig, Xanthippe. Mein Vater hatte mich schon früh in die Stadt zu einem Lehrer geschickt, der mir Lesen und Schreiben beibrachte. Also kaufte ich mir alte Bücherrollen von einem Händler aus Ägypten mit Abbildungen, die deutlich zeigten, wie die Ägypter gearbeitet haben. Sie waren viel genauer und strenger als wir Griechen. Zuerst machten sie eine Zeichnung auf Papyrus, die sie dann auf den Steinblock übertrugen. Nach diesem Muster schlugen sie die Sphinx oder die heilige Katze aus dem Granit. Jeder einzelne Schlag mußte richtig sitzen. Es war eine perfekte Ausführung des ursprünglichen Entwurfs. Ich studierte diese Arbeitsweise sehr gründlich und besorgte mir weitere Anleitungen, um das Handwerk, das ich von meinem Vater gelernt hatte, zur Kunst zu machen. Ich wollte Götterbilder schaffen, als seien sie lebendig, stürmende Krieger, Frauen, so schön, als wären sie eben dem Bad entstiegen, und Grabsteine, die die Menschen zum Weinen brachten. Eines Tages meißelte ich die Gruppe mit den drei Chariten-Mädchen aus pentelischem Marmor, die meiner Wunschvorstellung sehr nahe kamen und auch den ersten Preis bei einem Wettbewerb erhielten.«

Xanthippe kannte die berühmten Chariten des Sokrates. Sie standen in der Nähe des Aufgangs zum Athenetempel. »Sokrates, der Sohn des Sophroniskos, hat uns gemacht.« So lautete die Inschrift. Die drei Mädchen waren schön und voller Liebreiz, aber die eine, die etwas abseits stand und einen eher plumpen Körper und ein rundliches Gesicht hatte, fand Xanthippe, war die Schönste von ihnen.

»Etwas Besseres war mir nie zuvor gelungen. Ich war so stolz, daß ich losging und mir einen Auftraggeber für eine Statue des Apollon suchte. Du weißt, Apollon war schon immer mein Gott.«

Er zog einen weiteren angefaulten Apfel aus den Falten seines Gewandes und begann ihn zu essen, so wie er war. Er schien mit seinen Gedanken ganz woanders zu sein, aber Xanthippe hatte noch nicht genug gehört.

»Und wie bist du ein Philosoph geworden?«

»Wenn du meinst, daß ich ein Philosoph bin«, sagte er ein wenig ironisch, »dann laß mich nachdenken. Vielleicht hat es angefangen mit diesen alten Büchern. Nachdem ich die ersten Rollen gefunden hatte, trieb es mich immer wieder an den Stand des ägyptischen Händlers, der seine Tische mit den Bücherrollen im Piräus aufgeschlagen hatte. Mich faszinierte die präzise Schrift, in der die ehrwürdigen alten Texte abgeschrieben worden waren. Ich stellte mir die gebeugten Rücken der Schreiber vor, wie sie in tagelanger Arbeit nach dem Diktat eines Vorlesers ein Werk niederschrieben. So las ich die Gesänge Homers und die Weisheiten Heraklits. Mir kam es so vor, als ob in diesen staubigen, fleckigen Rollen bereits die ganze Welt enthalten wäre, obwohl mir vieles unerklärlich und konfus erschien. Heute weiß ich, daß es manchmal mit der Tiefe der Gedanken so ist wie mit der Tiefe von Brunnen. Sie werden nur deshalb für tief gehalten, weil sie trübe sind. Ich versuchte jedenfalls, soviel wie möglich zu lesen, und schließlich wollte ich die Bücherrollen auch besitzen, um sie immer wieder nachlesen und neu überdenken zu können. Ich gab mein letztes Geld dafür her und fühlte mich sehr reich.«

»Hast du sie noch?« fragte Xanthippe.

»Ja, alle. Und inzwischen natürlich noch viel mehr.«

Lysimachos hatte in seiner Jugend auch alte Bücherrollen gesammelt. Sie rochen nach der Kühle des Tempelkellers und dem Weihrauch, der bei den Opfern verbrannt wurde. Wenn er in guter Stimmung war, hatte er ihr und Philippos daraus vorgelesen. *Soma sema* hatte er zwischendurch zitiert, sie dabei angesehen und lächelnd gesagt: Das könnt ihr noch nicht verstehen. Als kleine Kinder hatten sie es für einen Zauberspruch gehalten und ihn sich gegenseitig im Spaß zugerufen.

»Wir besitzen ebenfalls viele Bücherrollen, darunter auch die Schriften Heraklits«, sagte Xanthippe nicht ohne Stolz. »Kennst du den Satz über Apollon und die Orakel? Der Herr, dem das Orakel in Delphi gehört, sagt weder noch verbirgt er – er zeigt.«

»Ja, ich kenne ihn. Apollon gibt den Menschen Zeichen und Hinweise, doch die Wahrheit dahinter müssen sie selbst erkennen.«

Das muß ja zu endlosem Streit und heillosen Irrtümern führen, dachte Xanthippe, wenn jeder Mensch, auch jeder unwissende wie ich zum Beispiel, die göttlichen Orakel deuten wollte. Auch Lysimachos' Deuterei vor dem Apollontempel war ihr nie ganz geheuer vorgekommen. Und ihr fiel der verhängnisvollste Irrtum ein, den sie kannte, nämlich die Geschichte von König Ödipus, dem das Orakel bei seiner Geburt geweissagt hatte, daß er seinen

Vater ermorden und seine Mutter heiraten würde. Gerade um dieses Unheil zu vermeiden, verließ er seine Eltern, die in Wirklichkeit nur seine Pflegeeltern waren, und zog nach Theben, wo seine leiblichen Eltern wohnten, und dort erfüllte sich die Prophezeiung. Hätte er sich in die Unbegreiflichkeit des Spruches gefügt und wäre bei seinen vermeintlichen Eltern geblieben, wäre es nicht zu dem grausamen Irrtum gekommen.

»Ja«, sagte Sokrates, als Xanthippe ihn darauf ansprach, »und dabei war Ödipus noch der klügste Mensch des Abendlandes, der das Rätsel aus dem Morgenland gelöst hat: daß es nämlich der Mensch ist, der morgens auf vier, mittags auf zwei und abends auf drei Beinen läuft. Wahrscheinlich geht jede große Erkenntnis mit einem großen Irrtum einher. Ich glaube, das geht auch uns, die wir nach der Weisheit und der Klarheit Apollons suchen, nicht anders.«

»Mein Vater sagt, kein Mensch könne Heraklit den Dunklen verstehen. Man müsse ein Leben lang an seinen Sätzen arbeiten und über sie nachdenken.«

»Dein Vater hat recht. Heraklits Sätze sind wie Rätsel oder wie Gedichte. Und sie sind Aufforderungen, zu denken.«

Heraklit war womöglich auch so wie Sokrates gewesen, überlegte Xanthippe. Wenn er den Mund aufgemacht hatte, waren Rätsel herausgekommen. Seine Frau und seine Kinder hatten ihn nicht verstanden und die Nachbarn ihn für verrückt gehalten.

»Die Sophisten nehmen Geld von ihren Schülern«, sagte Xanthippe. »Du tust das nicht. Dabei bist du auch so etwas wie ein Sophist. Warum mietest du nicht einen Platz in einer Säulenhalle oder ein Zelt für deine Schüler wie die anderen Lehrer, die nach Athen kommen?«

Sokrates lachte laut.

»Ich kann kein Geld von meinen Schülern nehmen, weil ich kein Wissen habe, das ich ihnen mitteilen kann. Wir reden miteinander über die Weisheit und die Bestheit und was es damit auf sich hat, mehr nicht.«

»Das ist nicht wahr. Philippos sagt, du holst die Bestheit und die Weisheit und die Tapferkeit und noch viel mehr aus den Jungen heraus.«

»Ach, Philippos und du, ihr verwechselt mich mit einem Zauberer oder einem Hexenmeister.«

»Nicht nur wir. Auch Milon und Leagros und die anderen, die zu dir kommen, wissen genau, daß sie mehr von dir lernen können als von manch einem dieser Sophisten.«

Zärtlichkeit überkam Xanthippe und Stolz auf ihn, der soviel vermochte und der sehr wohl ein Zauberer, ein Hexenmeister war.

Sie streichelte behutsam seinen Arm. »Wenn wir verheiratet sind, dann schreiben wir jeden auf, der zu dir kommt, und nehmen von ihm hundert Drachmen im Jahr. Das ist nicht zuviel. Denk doch mal an Alkibiades. Wer war er denn, als er dich noch nicht kannte! Ein vaterloser Neffe von Perikles mit übertriebenem Ehrgeiz. Er hat gestottert und gelispelt. Du hast einen redegewandten Politiker aus ihm gemacht. Ohne dich wäre er nie ein Stratege, nie General geworden. Und alles kostenlos, für diesen Gotteslästerer.«

Sokrates schien in sich zusammenzufallen. Sie war zu weit gegangen. Um ihn abzulenken, sagte sie: »Erzähl mir etwas von deiner Mutter.« Sie wußte, jeder Mensch erinnert sich gern an seine Mutter, wenn er sie nicht mehr hat.

»Ja, meine Mutter. Sie hieß Phainarete. Sie war anders als die Mütter, die ich kannte. Sie war ständig unterwegs. Keine Frau, die im Haus saß und webte. Sie war Hebamme und half den Frauen in Alopeke, ihre Kinder zur Welt zu bringen, und sie tat es gern. Nur manchmal kam sie traurig zurück, wenn ein Kind tot geboren worden war oder eine junge Mutter am Fieber sterben mußte und sie nicht helfen konnte. Ich bekam sie selten zu Gesicht. Aber wenn sie abends nach Hause kam, nörgelte sie an mir herum: Sitz nicht soviel über den Büchern, Sohn. Dein Rükken wird krumm vom vielen Lesen. Grübele nicht soviel über die Dinge des Lebens. Nimm dir lieber eine Frau und fang an, selbst zu leben. Das ist wichtiger als lesen.«

»Und, hast du es getan?«

»Ich hatte damals noch andere Vorstellungen als heute, in denen Frau und Kinder keinen Platz hatten. Ich war mir sicher, daß es eine Wahrheit geben mußte und daß mir die alten Dichter und Seher helfen würden, sie herauszufinden. Dann wollte ich sie in Athen verkünden, ich allein wollte sie verkünden, die ganze, reine Wahrheit. Ich nahm die Philosophie sehr ernst.« Und nach einem Augenblick fügte er hinzu: »Und meine Bestimmung.«

Die Strahlen der Nachmittagssonne sind jeden Tag anders. Heute warfen sie ein bernsteinfarbenes Licht auf Sokrates' unförmiges Gewand und milderten die häßliche Röte seines Haarkranzes. Sein Blick ruhte auf dem wilden Apfelbäumchen, dessen kleine, unansehnliche Früchte auch einen goldenen Glanz bekommen hatten und in dem er seine Erinnerungen fand: Apfelbäume auf der eingezäunten Wiese hinter der Steinmetzwerkstatt, die er gepflanzt hatte, nachdem die Marmor- und Sandsteinblöcke, die dort lagerten, verschwunden waren, weil niemand mehr Götterbilder daraus meißelte. Auch Apollon, dachte Sokrates, der mein Meisterwerk werden sollte, blieb nur ein schöner Plan. Und wie im Selbstgespräch erzählte er davon.

»Damals, in der Freude über die gelungenen Chariten-Mädchen, plante ich eine Apollonstatue, ich erwähnte es schon. Ich ging ins Haus des reichen Kriton und versuchte ihn dafür zu gewinnen. Kriton war begeistert und bereit, den Marmor und meine Arbeitszeit zu bezahlen. Meine Idee war ein Standbild in dreifacher Lebensgröße. Ich wollte den Moment darstellen, in dem Apollon einen Pfeil abschießt. Der Entwurf schien mir recht gelungen, doch spürten wir beide, daß er noch nicht vollkommen war. Wochenlang zeichnete ich im Haus des Kriton einen Entwurf nach dem anderen, aber je länger wir daran arbeiteten, desto unklarer wurde das Bild. Wir wälzten gemeinsam Bücherrollen über Apollon, zogen andere Statuen zum Vergleich heran und grübelten, wie der Gott sein Standbild wohl selbst am liebsten hätte.«

Sokrates schwieg. Xanthippe spürte, daß er traurig war. Behutsam legte sie den Arm um ihn.

»Wo steht der Apollon, den du damals gemacht hast? Ich möchte ihn gern sehen.«

»Es kam anders«, sagte Sokrates. »Ich habe ihn nie ausgeführt. Im Laufe der Monate wurden Kriton und ich gute Freunde. Wir sprachen über alles miteinander, über die Götter und die Menschen, über den Krieg und die Liebe. Wir lasen zusammen Bücher, gingen gemeinsam zu den Tempeln und Opfern, tranken Wein und philosophierten, so gut wir es verstanden. Doch den Apollon haben wir nicht mehr erwähnt. Ich gab die Bildhauerei auf und überließ die Werkstatt meines Vaters einem Cousin, der sie auf seinem eigenen Grundstück einrichtete und die rohen Blöcke, die Statuen und Reliefs, die auf der Wiese hinter dem Haus lagerten, abtransportierte. Ich pflanzte ein paar Apfelbäume, damit es nicht so leer aussah. Danach wurde mein Leben ruhiger. Aber bis heute weiß ich, daß ich Apollon ein Standbild schuldig geblieben bin.«

»Ich glaube nicht«, sagte Xanthippe, »daß du Apollon etwas schuldig geblieben bist. Ich denke, es ist ihm ziemlich gleichgültig, ob er von dir eine Marmorstatue bekommt oder nicht.«

Seine Mutter, die Hebamme, die Kinder zur Welt brachte, hatte recht, dachte sie. Er ist verstiegen in Ideen, die nichts mit dem Leben zu tun haben. Und plötzlich war er ihr wieder sonderbar fremd. Sie konnte sich auf einmal nicht vorstellen, mit ihm verheiratet zu sein und Kinder mit ihm zu haben, zu denen er zärtlich war und übermütig, wie Väter es sein sollten. Sie rückte ein Stückchen von ihm ab, während er einen Apfel, den er nicht ausgeschnitten hatte, mit offenem Mund und einem scheußlichen, mahlenden Geräusch kaute. Sie stellte sich vor, daß er ihr ein Leben lang faule Äpfel bringen würde, weil sie zuerst gegessen werden mußten. Aber sie wollte Sokrates haben, trotzdem.

Und so wie alle Menschen, wenn sie noch sehr jung sind, glauben, den anderen, den sie lieben, nach ihrem Bild ändern zu können, so träumte sich auch Xanthippe in diese Vorstellung hinein. Sie malte sich aus, wie er ihr duftende, dunkelrote, makellose Äpfel brachte. Mit geschlossenen Augen legte sie beide Arme um seinen Hals, und es machte ihr nichts aus, daß sie die Runzeln spürte und er säuerlich nach Schweiß und Äpfeln roch. Sie küßte ihn. Nicht so, wie sie Philippos geküßt hatte, sondern wie man es tut, wenn man sich dabei Apfelbäume vorstellt, blühende Apfelbäume im Frühling, einen ganzen Hang voll, einen Berg, bis oben übersät mit rosaweißen Blüten.

Das Haus hinter der Pappel

Im Nachbarhof klapperten Töpfe. Es roch nach Holzkohle und gebratenem Huhn. Irgendwo weinte ein Kind. Von ferne die sanften Töne einer Flöte. Es war schon beinahe dunkel. Sokrates war heute früher gegangen als sonst. Sie saßen jetzt häufig zusammen auf der Treppe zum Innenhof, der vor dem schneidenden Wind, der vom Meer kam und den Winter ankündigte, Schutz bot, und redeten über die Götter und vor allem über den Krieg. Die spärlichen Nachrichten, die aus Sizilien kamen, hörten sich nicht gut an. Die Schiffe lagen noch vor dem bewehrten Hafen. Von den Kriegern, die an der Küste an Land gesetzt worden waren, um Syrakus zu umzingeln, sollen einige bei Gefechten getötet worden sein. Wie viele und wer wußte niemand.

»Es werden noch viele Athener sterben«, sagte Sokrates, »und es wird keinen triumphalen Sieg geben.«

Xanthippe mochte ihn nicht, wenn er so redete. »Philippos, Leagros, Milon und all die anderen sind tapfer und kühn, sie werden siegen, und Apollon wird sie beschützen«, sagte sie, aber der Ton ihrer Stimme verriet die Angst.

Aus seinem Mund kam ein unschönes Lachen. Er hatte auch drei Feldzüge mitgemacht und wußte, was Tapferkeit vermochte und was nicht.

Mit jener Schwerfälligkeit, die sie an ihm kannte,

stand er auf. »Ich muß gehen«, sagte er. »Ich werde ein Bad nehmen, meine neuen Sandalen anziehen und einen Esel mieten.« Er war zum Essen eingeladen in Piräus.

»Bei Onkel Kallias?« fragte sie.

»Nein, bei Agathon. Kallias geht mir neuerdings aus dem Weg.«

Die Sache mit Alkibiades zog Kreise, und Sokrates war mittendrin. Mit Freunden ist es wohl so wie mit dem Glück, dachte Xanthippe. Man ist sich nie sicher. Auch ihrer Freundin Kallinike war sie sich nicht mehr sicher. Sie erinnerte sich an die schönen Abende mit ihr, wenn Lysimachos noch nicht zu Hause war und sie zusammen Gerstenbrei gegessen und dann Astragalo gewürfelt hatten. Das war vorbei. Jetzt saß sie allein in der Küche und stellte sich vor, wie Sokrates wohl aussehen würde auf dem Esel, in einem frischen Gewand, gebadet und geölt und mit Sandalen an den Füßen.

Lysimachos roch nach Wein, als er in die Küche wankte, und scheuchte den struppigen Hund mit einem Fußtritt aus dem Schlaf. Xanthippe kannte das. Mehr als früher tobte er in letzter Zeit grundlos herum, wenn er spät nach Hause kam. Sie konnte ihm nichts recht machen. Wenn es Huhn gab, wollte er Fisch, und wenn sie Fisch auftischte, wollte er gebratenes Hühnchen.

Heute hatte er einen Grund, wenn auch einen miesen, wie Xanthippe erschrocken feststellte.

»Es gibt keine Hochzeit, daß du's weißt«, schrie

er. »Niemals. Sokrates habe ich schon beigebracht, was ich von ihm halte und von seinem schönen Freund.«

Das neue Lied in Athen. Aber daß ihr eigener Vater soweit ging, das Glück seiner Tochter, oder was sie dafür hielt, zu zerstören, ohne den geringsten Beweis gegen Sokrates, nicht einmal gegen Alkibiades, auf den er anspielte und der noch nicht vor Gericht stand, machte sie wütend. »Du redest den Leuten bloß nach dem Mund«, sagte sie laut und schloß das Fenster. »Vor allem Onkel Kallias, bei dem du dich einschmeicheln willst.«

Lysimachos wurde feuerrot im Gesicht, und das war nicht allein der Wein.

»Unsinn«, schrie er, »was geht mich Kallias an. Sokrates verhöhnt die Götter, er macht sie in der Öffentlichkeit lächerlich, das weiß jeder. Du kennst auch seinen Schwur: beim Hund! Er lästert Zeus. Und dann sein Daimonion, das ihm Warnungen zuflüstert, mit denen er Athen verunsichert und Unheil beschwört. Er glaubt daran mehr als an die Orakel der Götter.«

Nicht nur Warnungen, dachte Xanthippe. Sein Daimonion war unser Anfang. »Er opfert den Göttern wie wir«, sagte sie beschwichtigend.

»Er bleibt ein gottloser Schwätzer. Solange ich lebe, wird er meine Tochter, die Enkelin des Aristides, niemals bekommen, dieser verdammte Knabenficker.«

Das war es also auch. Lysimachos sah auf einmal

alt und müde aus. Ein einsamer Mann, neidisch auf Sokrates, den die Schönen-und-Guten verehrten und liebten. Sie drückte ihn auf die Holzbank neben dem Herd. Sie spürte, was ihm fehlte. Er brauchte Trost.

»Vergiß Sokrates. Denk an Philippos«, sagte sie sanft. »Er wird bald zurückkommen und unser Haus mit reicher Beute vollstopfen.«

»Schwerter und Schilde, denke ich mir. Und Silbergefäße, so klug wird er doch sein. Sicher auch Sklaven, was meinst du?« In seiner Stimme lag jene Langsamkeit, die der Wein hervorruft.

»Er wird dir eine Sklavin mitbringen, die alles für dich tut und die jung ist und sehr schön«, sagte sie, so wie man Kindern eine Gutenachtgeschichte erzählt, um sie in den Schlaf zu führen.

»Mit dicken Brüsten«, murmelte Lysimachos, »oder einen Knaben aus Syrakus, einen blonden mit rosigen Arschbacken.«

Sie lächelte, streckte ihn auf der Holzbank aus und deckte ihn mit einem wollenen Tuch zu.

Lysimachos schlief noch, als sie sich am nächsten Morgen auf den Weg machte zum Haus des Sokrates. Für das, was sie vorhatte, konnte sie nicht bis zum Nachmittag warten, zumal sie sich fast sicher war, daß er wegbleiben würde nach den Vorwürfen ihres Vaters. Er würde sich nicht verteidigen, und er würde nicht um sie kämpfen, soweit glaubte sie ihn inzwischen zu kennen. Aber Lysimachos kannte sie noch besser. Sobald er seinen Rausch ausgeschlafen hatte, war es auch mit dem Vergessen vorbei. Er vergaß niemals etwas. Er war tückisch und nachtragend. Selbst längst verschüttete Geschichten kramte er wieder hervor, wenn niemand darauf gefaßt war, und benutzte sie als giftige Wurfgeschosse. Sie war fest entschlossen, sich Sokrates nicht nehmen zu lassen, nicht von ihrem Vater und von keinem anderen in Athen. Um diese Zeit debattierte noch kein Mensch auf dem Marktplatz. Sie würde ihn zu Hause antreffen und ihm sagen: Ich werde dich heiraten, Sokrates, um jeden Preis.

Sie war noch niemals in seinem Haus gewesen. Sokrates hatte sich stets ihrem Wunsch, es einmal anzusehen, widersetzt. »Nach der Hochzeit«, pflegte er zu sagen, als hüte er bis dahin ein Geheimnis. Dabei wußte sie, daß es klein war, nicht zu vergleichen mit dem Haus, in dem sie wohnte und das Aristides, der Staatsmann, einst gebaut hatte. Es machte ihr nichts aus, auch nicht daß der Herd im Hof stand unter einem Holzdach und daß es keinen Brunnen gab, nur eine Tonne, die den Regen auffing. Sie konnte sich ein gutes Bild machen nach dem, was Sokrates ihr an den Nachmittagen erzählt hatte.

Ein einziger Raum unten, oben drei kleine Kammern, nicht viel Platz, aber sie hatte ja auch nicht viel mitzubringen. Auf der eingezäunten Wiese hinter dem Häuschen ein paar Apfelbäume, die er gepflanzt hatte als Ersatz für die verschwundenen Steinblöcke des Vaters. »Jeder trägt eine andere Sorte«, erklärte er ihr und wurde nicht müde, sie zu beschreiben: die rotbäckigen Äpfel, die klein und süß sind, die braunen mit der rauhen Schale und dem mehligen Geschmack, die grüngelben säuerlichen, die sich gut zum Backen eignen. »Mein Apfelmädchen«, sagte er dann manchmal, und Xanthippe mochte es, wenn er sie so nannte. Am liebsten aber sprach er von der Pappel im Hof, sehr groß und sehr alt, die schon immer da war, solange er sich erinnern konnte. »Diese Pappeln finden sich selten in den Wäldern, sie suchen die Nähe menschlicher Behausungen«, sagte er. »Wie Unkraut erscheinen sie plötzlich in einem Hof oder Garten und lassen sich nicht aufhalten in ihrem raschen Wachstum. Kaum ist der Winter vorbei, hängt weißes Zeug wie ungesponnene Wolle aus den Laubknospen.« Im Sommer saß er gern unter der weit ausgreifenden, lockeren Laubkrone, in der das Licht flimmerte. »Wenn dann der Abendwind vom Meer her die Blätter bewegt, sanft und leise, rede ich manchmal mit meiner Pappel.« Nach unserer Hochzeit, dachte Xanthippe, wird er mich zuhören lassen.

Am Ende der Straße Zu den Roten Schiffen ragte die Pappel hoch wie ein Wegweiser. Sokrates' Haus war eins der letzten am Rand von Alopeke, wo die Olivenhaine begannen. Sie betrachtete einen Augenblick die Pappel aus der Nähe, als sie im Hof stand, und mußte lachen, weil sie die rissige Rinde des Stammes an Sokrates Hals erinnerte. Dann klopfte sie an die Tür. Nachdem sich niemand rührte, drückte sie die Klinke herunter. Es war nicht abgeschlossen. Typisch Sokrates. Aber was sollten Einbrecher hier auch schon finden außer alten Bücherrollen.

Schon sehr klein, dachte sie. Eng. Wie die Häuser der Armen. Gerade groß genug, um sich darin aufzuhalten. Kein Platz für Truhen aus Pinienholz und silberne Gefäße. Bald würde es ihr Haus sein.

Der Raum war fast dunkel. »Sokrates!« flüsterte sie.

»Was willst du hier, Kore?« fragte eine Stimme, die nicht die von Sokrates war.

»Ich suche Sokrates«, sagte Xanthippe unsicher in den Raum hinein.

Plötzlich stand dicht vor ihr eine Frau. Sie war alt und häßlich und steckte in einem schmuddeligen Gewand, wie Xanthippe feststellte, nachdem sich ihre Augen an das Schummerlicht gewöhnt hatten. Das graue Haar war zerzaust, das Gesicht aufgedunsen und ein Auge blau unterlaufen.

»So, so, Sokrates! Jeden Tag stehen Weiber und junge Männer vor der Tür und fragen nach ihm. Wo ist Sokrates? Wann kommt Sokrates zurück? Sklaven reicher Herren geben Geschenke ab. Das Huhn für Sokrates! Der Weinschlauch! Alles für ihn, nur für ihn!«

Die Alte roch nach schlechtem Wein. Eine Sklavin, die für Ordnung sorgte. Eine Frau aus der Nachbarschaft, die für Geld kochte und den Boden schrubbte. Nichts wußte sie von Sokrates, nichts von seiner Seele. Über das Daimonion hatte er nie mit ihr gesprochen. Das mit der Pappel hatte er ihr verschwiegen. Nie hatte sie seine herrlichen Gedanken anhören dürfen, ein armseliges Wesen, seine Haushälterin eben.

»Wer bist du?« fragte Xanthippe aus all ihrem Reichtum, ihrem ganzen Glück heraus. Sie fühlte sich weich und sanft. Ja, sie war bereit, auch diese heruntergekommene Sklavin zu akzeptieren. Sie liebte das Haus, den schmutzigen Boden, den einen Stuhl, die Töpfe an der Wand, den Herd im Hof draußen.

»Daß du das fragst! Keiner fragt nach mir. Aber du, Kore! Du bist ein schönes Mädchen. Hast ein feines Gesicht und dichtes dunkles Haar. Und gut bist du, das spüre ich. Ich kenne mich nämlich aus mit den Menschen. Es kommen ja so viele, jeden Tag, und fragen nach Sokrates. Setz dich, Kleine, dahin, auf den Stuhl.«

Es war Xanthippe unangenehm, und doch nahm sie Platz, benahm sich wie eine Königin, während die Frau mit dem Schweißgeruch vor ihr niederkauerte.

»Ich will ihn verlassen«, flüsterte sie. »Jeden Tag will ich ihn verlassen. Aber ich habe keine Kraft mehr dazu. Früher hätte ich gehen sollen, viele Jahre früher, als ich noch jung und hübsch war. Heim nach Thrakien. Mein Vater war dort ein mächtiger Fürst, der aus goldenen Schüsseln aß. Oder ich hätte mir einen reichen Liebhaber suchen sollen. Wenigstens einen, der gut zu mir gewesen wäre.«

»Aber wer bist du?«

»Myrto. Ich bin Myrto.« Die Alte schluchzte. »Die Götter mögen dich segnen. Noch nie hat einer mich gefragt, wie ich heiße. Ich bin Myrto, die Frau, die seit zwanzig Jahren mit Sokrates lebt. Ich tue alles für ihn. Ich gehe zum Markt und kaufe ein, ich pflege ihn gesund, wenn er krank ist. Und ich warte auf ihn. Meistens warte ich auf ihn. Er kommt oft tagelang nicht. Und wenn er kommt, weiß ich nie, was mich erwartet. Meistens hat er schlechte Laune. Er ist immer wütend, wenn er hierher kommt. Dann schreit und tobt er.«

Sie musterten sich. Eine die andere.

Nie so werden wie sie, schwor sich Xanthippe. Lieber jung sterben. Nie so herunterkommen. Und dieses Auge, das sah nach Prügelei aus. Xanthippes Herz schlug unregelmäßig vor Aufregung. Ihr Gesicht war von Röte überflogen. Und doch, so schwer es zu fassen war, sie war hier richtig. Im Raum lag der Geruch von Äpfeln vom Vorjahr, der auch an Sokrates' Kleidung haftete.

»Aber du? Wer bist du?« fragte Myrto.

Sie würde es ihr niemals sagen. Nie.

»Ich wollte nur das Haus von Sokrates sehen.«

»Eine Neugierige! Du bist jung, ganz jung. Du bist ungefähr so alt wie Xanthippe. Kennst du sie vielleicht? Ich will alles von ihr wissen. Ich will wissen, wie sie ist. Erzähl mir von ihr. Sie ist die Tochter des Lysimachos und die Enkelin von Aristides dem Gerechten. Sie soll schön sein! Sokrates hat sich beim Rat der Stadt dafür eingesetzt, daß sie in Delos tanzen durfte. Und jetzt will er sie heiraten. Er in seinem Alter. Er ist toll vor Liebe, der alte Bock. Neue Sandalen hat er sich gekauft und ein Öl beim Gewürzhändler. Was wird er noch alles tun für Xanthippe!«

Sie schlug die Hände vor dem Gesicht zusammen und schluchzte los.

»Gib mir einen Rat, Kleine! Was soll ich tun? Erst hatte ich mir überlegt, mich zum Haus des Lysimachos zu schleichen und sie abzupassen, wenn sie zum Brunnenhaus geht. Ich wollte mit ihr sprechen. Aber dann bekam ich Angst. Vielleicht hätte ich weinen müssen, wenn ich sie gesehen hätte. Ich habe mir ausgedacht, was ich zu ihr sagen werde: Sieh mich an, sieh mir ins Gesicht! Ich bin Myrto, die Frau, mit der Sokrates seit zwanzig Jahren zusammenlebt. Dir wird es nicht bessergehen als mir. In zwanzig Jahren wirst du sein wie ich, verzweifelt, verweint. Jeden Tag wirst du auf ihn warten, und er wird nur selten kommen.«

»Sei still! Hör endlich auf!« schrie Xanthippe. »Du hast kein Recht, so von Sokrates zu reden. Du bekommst hier dein Essen und darfst bei ihm wohnen. Das ist ein Glück für dich!«

»Xanthippe soll die Wahrheit erfahren. Sie soll wissen, wie grausam Sokrates ist. Sie soll mich kennenlernen.«

Xanthippe war aufgesprungen, doch die Worte blieben ihr in der Kehle stecken.

»Sokrates ist so klug«, sagte Myrto spöttisch. »Alle kommen zu ihm. Alle wollen sie weise werden durch ihn. Der göttliche Sokrates! Wie oft habe ich das gehört. Aber er braucht niemanden. Er liebt niemanden. Auch Xanthippe nicht. Nicht einmal sie. Sokrates liebt nur sich selbst.«

Die Alte griff nach Xanthippes Arm. Plötzlich war der Ekel da, und Xanthippe riß sich los.

Im Hof lief sie durch die kleine Hintertür, die zur Wiese führte, und warf sich unter einem Apfelbaum in das braune trockene Gras. Keine Bienen mehr, keine Eidechsen, dafür war es schon zu spät im Jahr. Apfelmädchen, flüsterte sie, während eine Schildkröte schwerfällig auf sie zuschleifte.

Im Monat Posideon

Die blasse Wintersonne schien durch die Sterne der Fensterläden in Xanthippes Schlafraum. Die Morgenkälte hatte sie geweckt, und sie stand fröstelnd auf. Jetzt war es wieder an der Zeit, den wollenen Mantel anzuziehen, wenn sie nachher auf den Markt ging. Sie mußte Fisch, Brot und Gemüse einkaufen und Linsen für den Abendbrei. Öl und Essig war noch genug in den Töpfen. Neuerdings war es ihr unangenehm, zum Markt in Alopeke zu gehen. Sie fürchtete, Myrto zu begegnen, die vielleicht hier ihre täglichen Einkäufe machte, weil sie zu bequem war, zum großen Markt auf der Agora unterhalb der Akropolis zu laufen. Das war sogar wahrscheinlich. Xanthippe machte der längere Weg nichts aus. Sie ging gern in die Stadt, wo man immer allerlei sah und hörte. Sie mochte das Geschrei der Händler und das Menschengedränge, die Gerüche von gerösteten Kastanien und gebratenem Huhn, von heißem Linsenbrei und all den köstlichen Dingen, die Verkäufer an den Ecken feilboten. Es war eine schöne Abwechslung. Sie konnte sich nicht vorstellen, den ganzen Tag im Gynaikeion, dem Frauengemach, zu hocken und Wolle zu spinnen oder an ihrem Webteppich zu arbeiten, wie vornehme junge Mädchen es taten, die Dienerinnen zum Einkaufen hatten.

Als sie in die Küche kam, war irgend etwas anders als sonst. Ihr fiel nicht gleich ein, was es war. Xanthias! Plötzlich vermißte sie sein Scharren und Hüpfen im Vogelbauer. Der Käfig schien leer zu sein. Erst als sie davor stand, sah sie ihn. Er lag bewegungslos auf dem sandbestreuten Boden. Xanthippe war fassungslos. Sie hatte ihn in den letzten Tagen völlig vergessen, ihm kein Wasser und kein Futter gegeben. Sie hatte nur an Sokrates gedacht.

Der winzige Vogel war seit Jahren ihr Vertrauter gewesen, von dem sie sich verstanden fühlte, wenn er sein Köpfchen neigte und zwitscherte. Zu ihm hatte sie nach Aristes Tod gesprochen, als sie den Menschen noch lange die Worte verweigerte. Vor der Abfahrt nach Delos hatte sie ihn Philippos besonders ans Herz gelegt. Vergiß nicht, Xanthias zu füttern. Vergiß nicht, ihn jeden Morgen zu streicheln. Das hat er gern. Das ist er von mir gewöhnt. Wann hatte sie ihn das letzte Mal gefüttert und gekrault? Wie lange lag er schon tot auf dem Boden des Käfigs? Sie wußte es nicht. Sie hatte ihn einfach vergessen. Sie erschrak. Sie war an seinem Tod schuld und fühlte doch nicht genug Scham und Trauer. Sie würde ihn im Hof begraben und ihn nicht vermissen.

Als sie sich von dem Vogelkäfig abwandte, stand Sokrates in der Tür. Er lächelte nicht, er begrüßte sie nicht, er stand nur da und sah sie ernst an. Sie hatte ihn seit Tagen nicht mehr gesehen. Irgendwie hatte sie ihn anders in Erinnerung, jünger und mit festeren Konturen im Gesicht. Sie fand ihn abstoßend und lächerlich, so wie die anderen Mädchen ihn sahen. Aber das dauerte nur einen Moment. Dann fiel sie ihm um den Hals. Er war faltig wie der einer alten Schildkröte. Sie liebte Sokrates, so wie er war: faltig, lächerlich und sehr ernst.

Sie fragte ihn nicht nach Myrto und erwähnte auch nicht, daß sie in seinem Haus in der Straße Zu den Roten Schiffen gewesen war, daß sie die Pappel und das Faß im Hof gesehen hatte und seine Apfelbäume auf der Wiese. Sie schwor sich im stillen, auch vor ihrer Hochzeit nie wieder dort hinzugehen. Sollte sie Myrto zufällig auf der Straße begegnen, würde sie den Blick senken, als kennten sie einander nicht.

»Ich möchte dich heiraten, Sokrates, auch gegen den Willen von Lysimachos«, sagte sie.

»Ich weiß, dein Vater will unsere Hochzeit verhindern«, sagte er und lächelte noch immer nicht. »Aber Athen wird bald andere Sorgen haben und Lysimachos auch.«

Heute schien ein Morgen der Überraschungen zu sein. Völlig unerwartet tauchte auch noch Kallinike auf. Sokrates verabschiedete sich nicht, wie er es sonst zu tun pflegte, wenn Kallinike kam. Xanthippe machte Feuer im Herd, und dann saßen sie auf der Holzbank davor und wärmten sich die Hände.

»Mein Schwiegervater hat keinen Mut mehr«, begann Kallinike das Gespräch. »Er hat gebeten, ihm das Kommando abzunehmen. Er fühlt sich krank, hat Nierenschmerzen und weiß nicht, wie er den Winter über durchhalten soll.«

»Nikias' Brief ist gestern auf dem Pnyxhügel vor

der Volksversammlung verlesen worden. Die Abstimmung wird erst in den nächsten Tagen sein«, sagte Sokrates.

Auch Xanthippe machte sich große Sorgen, weil der Krieg so lange dauerte und kein siegreiches Ende in Sicht war. Jedenfalls gab es keine Anzeichen dafür, wenn man den spärlichen Nachrichten, die eintrafen, glauben konnte. Sie hatte Angst um Philippos. In den ersten Wochen nach seiner Abfahrt hatten sie zwei kurze Briefe erreicht. Es ging ihm gut, schrieb er, aber vieles sei doch anders, als er es sich habe vorstellen können. Sizilien sei eine riesige Insel und Syrakus die gewaltigste und bestgerüstete Stadt, die er je gesehen habe. Danach hatte sie nichts mehr von ihm gehört. Erschrocken stellte sie fest, daß er ihr seltsam entrückt war. Sokrates hatte seine Stelle eingenommen. Nicht ganz natürlich, aber doch so, daß ihre Gedanken mehr bei Sokrates waren als bei ihm in seiner Gefahr. Erst seit einigen Tagen war das wieder anders. Die Winterkälte nahm zu, und in den Straßen blies ein eisiger Nordwind. Die Zeit der vertrauten Gespräche mit Sokrates draußen im Hof war vorbei. Er kam nur noch selten, und sie stand allein gegen Lysimachos. Philippos fehlte ihr, ihre andere Hälfte, die in Wirklichkeit niemand ersetzen konnte. Sie brauchte beide, Sokrates und Philippos. Sie waren nicht austauschbar.

»Ich habe fest geglaubt, unsere Männer würden Syrakus in ein paar Wochen erobern«, sagte Xanthippe. »Jetzt kommt der lange Winter.«

»Das hast du wirklich geglaubt?« fragte Sokrates.

»Alle haben es geglaubt«, rechtfertigte sich Xanthippe. »Auch fast alle Feldherrn. Es war wie ein Rausch gewesen in der Stadt, bevor die Flotte ausfuhr. Beinahe jeder träumte von Beute und Reichtum oder einem guten Posten in Sizilien.«

Sokrates spuckte einen Kürbiskern in die Flammen und sagte: »Ich habe von Anfang an ein großes Unglück über unsere Armee hereinbrechen sehen und die Athener gewarnt. Sie haben mich verhöhnt und niedergeschrien.«

»Dein kleines Gespenst in dir hat dir das alles zugeflüstert«, sagte Kallinike spöttisch. »Ist es nicht so? In dir sitzt ein bösartiges Tierchen, dein Daimonion, das dich quält. Und du quälst uns damit.«

»Du magst es ein Gespenst oder ein böses Tier nennen«, sagte er freundlich, »für mich ist es eine göttliche Stimme.«

»Und woher weißt du, daß sie die Wahrheit sagt und dich nicht betrügt?« fragte Kallinike.

»Aus Erfahrung. Es hat sich noch nie geirrt«, sagte er und sah dabei Xanthippe an. Sie wurde rot, denn sie wußte, welchen Rat seines Daimonions er in diesem Augenblick meinte.

»Die Korinther und die Spartaner haben Truppen losgeschickt, um Syrakus zu helfen«, sagte Kallinike auf einmal nachdenklich. »Sobald sie eingetroffen sind, wird der Krieg noch härter.«

»Aber Athen hat auch Verstärkung entsendet«, sagte Xanthippe.

»Ja, und auf der Agora werden die Lebensmittel knapp und teuer«, sagte Sokrates.

Unwillkürlich fiel Xanthippes Blick auf den irdenen Topf über dem kleinen Dreifuß in der glühenden Asche. Das schlimmste war, daß Sokrates die Wahrheit aussprach. Lysimachos hatte zwar die Staatsrente wegen der Verdienste seines Vaters Aristides tatsächlich erhalten, und sein Geschäft mit den Orakelsprüchen blühte, ebenso wie das der Wahrsager, Zauberer und Hellseher, vor allem aber der Waffenschmiede und Werftbesitzer. Aber was nutzte das, wenn die Preise alle paar Tage stiegen und die Angebote auf dem Fischmarkt und an den Gemüseständen immer spärlicher wurden.

»Bis das Kind geboren ist, wird Leagros wieder zurück sein. Im Frühling muß die Entscheidung fallen«, sagte Kallinike, wahrscheinlich um sich Mut zu machen.

Im Frühling, vielleicht, dachte Xanthippe, aber jetzt war erst der Monat Posideon, tiefster Winter, die kälteste Zeit in Athen und obendrein ein härterer Winter als alle, an die Xanthippe sich erinnern konnte.

»Eigentlich bin ich gekommen, um dir die Dose mit geweihtem Puder zu bringen«, sagte Kallinike, nachdem Sokrates sich verabschiedet hatte. Es war seine Zeit für die Agora.

Ach ja, das Frauenfest der Haloa, Xanthippe hätte es fast vergessen. An der Haloa wurden im Tempel der Demeter Opfer dargebracht, um Schutz für das gerade keimende Korn in der Erde zu erflehen. Die Opfer galten Demeter, ihrer Tochter Kore und Poseidon. Doch, es würde eine Abwechslung sein, Puder auf die tönernen Ähren im Heiligen Bezirk der Demeter zu streuen und dazu zu singen. Männer waren bei den Feierlichkeiten nicht zugelassen, dafür die Hetären. Insgeheim bewunderte Xanthippe diese Frauen, wenn sie auch in Schande lebten und oft keine gebürtigen Athenerinnen waren. Sie waren schön und konnten klug reden. Und sie lebten viel freier und ungezwungener als anständige athenische Frauen und Mädchen.

»Du wirst doch morgen kommen?« fragte Kallinike. »Hinterher wird es ein Fest geben mit Honigwein und Opferfleisch. Na ja, und diesen Alle-Körner-Brei.«

»Aber diesmal spuckst du die Bohnen nicht wieder unter den Tisch«, sagte Xanthippe lachend.

»Muß ich aber, sonst wird mir schlecht. Ich darf es sogar, ich bin schwanger.«

Für einen Augenblick war es wie in alten Zeiten.

Demeters Fest

Es war noch fast dunkel, als Xanthippe das Haus verließ und zum Demeter-Heiligtum ging. Sie hatte Feuer im Herd gemacht für Lysimachos, aber nichts gegessen, denn so mußte es sein vor dem Fest der Haloa. Sie zog den wollenen Mantel eng um ihren Körper und schlug den breiten Zipfel über ihr Haar, das lang herunterhing, wie es üblich war. Vor dem Eingang, wo die beiden Priesterinnen sie empfingen, murmelte sie die Begrüßungsformel und ließ sich Hände und Füße waschen. Im Hof vor dem Säulenumgang standen bereits zahlreiche Frauen und Mädchen. Einige hatten Körbe mitgebracht, in denen sich Gaben für die Götter befanden. Auch Kallinike war schon da, das Kästchen mit dem Puder in den Händen. Es wurde Mohnkuchen für alle Teilnehmerinnen ausgegeben, der aber erst gegen Mittag verzehrt werden durfte.

Nicht nur Athenerinnen, auch fremdländische Frauen waren zu sehen, reiche Ägypterinnen, die in Piräus wohnten, feine Damen aus Kleinasien und sogar einige Perserinnen. Das war erlaubt bei der Haloa, unter der Voraussetzung, daß sie Griechisch sprachen. Sklavinnen waren heute von der Arbeit befreit, um ebenfalls an der Feier teilnehmen zu können. Xanthippe drängte sich dicht an Kallinike, um sie nicht zu verlieren, während sich der Prozessionszug formierte. Auch einige Frauen und Mädchen aus

Alopeke waren darunter, die Xanthippe vom Wasserholen am Brunnenhaus kannte, und Nachbarinnen aus ihrer Straße, die sie aber bald in dem Gedränge aus den Augen verlor.

Die Priesterinnen schwenkten Fackeln, sangen die Heiligen Gesänge in einer altertümlichen Sprache, die Xanthippe nur halb verstehen konnte, und führten den Zug langsam durch ein Tor in einen lichtlosen Raum mit zahlreichen Säulen. Und wie in jedem Jahr spürte Xanthippe Angst und Verstörung, während der Zug der Frauen durch das Dunkel irrte. Unwillkürlich faßte sie nach Kallinikes Hand, die steif und kalt war. Der Raum mit den Säulen war ungeheizt und feucht vom Boden her, der aus gestampftem Lehm bestand, und die Kälte kroch den ganzen Körper hoch. Xanthippe war elend und schlecht vor Hunger. Natürlich wußte sie, daß die Prozession sich nur ein paarmal durch den einen Raum bewegte und daß alles nicht sehr lange dauern würde, aber diesmal schien sich die Zeit endlos zu dehnen. Sie fühlte sich inmitten all der Frauen und Mädchen, die um sie waren, verloren und allein. Als die Priesterinnen jäh anhielten und der Prozessionszug ins Stocken kam, wurden ihre Knie schwach, und sie hatte Mühe, die Übelkeit zu unterdrücken. Noch einmal wurden die Fackeln im Kreis geschwenkt, dann erloschen sie plötzlich. Die Oberpriesterin stieß schrille, spitze Schreie aus, und die anderen Dienerinnen der Göttin brachen in den großen Klagegesang aus. Obwohl Xanthippe das alles wohlbekannt war von unzähligen früheren Feiern, empfand sie heute tiefes Entsetzen und Grauen.

Auf einer Art Bühne im vorderen Teil des Raumes wurden nun ganze Bündel von Pechfackeln in Ständer gesteckt, so daß innerhalb kurzer Zeit strahlende Helligkeit entstand. Die Oberpriesterin trug zwei bedeckte Körbe. Eine untergeordnete Demeter-Dienerin kniete vor ihr nieder, zog die weißen Tücher herunter und enthüllte die Schlangen, die in den Körben waren und sich nun aufgeschreckt hochringelten.

Gleichzeitig sprachen die Gläubigen gemeinsam das Bittgebet an die Götter der Unterwelt, Athen vor Unheil und Hungersnot zu schützen und die Saaten in der Erde aufkeimen zu lassen. Danach wurde in Trinkschalen warme Ziegenmilch ausgeteilt, zu der endlich der Mohnkuchen gegessen werden durfte. Allmählich begann sich Xanthippe besser zu fühlen.

»Die Oberpriesterin ist Lago«, flüsterte Kallinike. »Ich kenne sie gut. Sie ist oft bei uns und bespricht sich mit meinem Vater. Wirst du im nächsten Jahr auch eingeweiht werden wie ich?«

»Ich weiß es noch nicht. Ich möchte warten, bis Philippos zurück ist.«

Irgendwann wurde jedes athenische Mädchen und jeder junge Athener in Eleusis in die Geheimnisse der Göttin Demeter und ihrer Tochter Kore eingeweiht. Dazu war eine längere Vorbereitung erforderlich. Demeter war die Göttin der Aussaat und der Ernte, sie war zuständig für alles, was mit Früchten und Getreide zusammenhing. Ihr bedeutendster Tempel lag einige Meilen außerhalb Athens in Eleusis. Die in ihren Kult Eingeweihten hatten die strenge Pflicht, über das, was sie erfahren hatten, zu schweigen, über alles, was im eleusinischen Heiligtum vor sich ging und mit der großen Mysterienfeier zu tun hatte. Jeden, der auch nur ein Wort von den Geheimnissen des Demeter-Kults und der Mysterien verriet, erwartete die Todesstrafe. Auch Kallinike wußte nichts von den großen Geheimnissen, obwohl ihr Vater Kallias der höchste Priester von Eleusis war. Es war ein Amt, das in der Familie des Aristides seit Generationen vererbt wurde. Aus diesem Grund fühlte sich Xanthippe Eleusis und den Göttinnen Kore und Demeter besonders verbunden.

In der altertümlichen Sprache der Mysterien trug Lago nun in rhythmischem Singsang die traurige Geschichte vom Schicksal Demeters und ihrer verlorenen Tochter Persephone, die »Kore« genannt wurde, was nur »das Mädchen« heißt, vor. Xanthippe kannte den immer gleichen Text, der wie ein Gedicht klang, längst auswendig und murmelte die Worte leise mit:

Eines Tages, als Demeters einzige Tochter Kore mit ihren Freundinnen am Ufer des eleusinischen Flusses spielte, tat die Erde sich auf. Pluto, der Gott der Unterwelt, stieg mit seinem Wagen herauf und entführte Kore in die Tiefen der Erde.

Die Göttin Demeter, die ihr Kind nicht mehr sah und sich in Ängsten verzehrte, stieg eilig vom Olymp herab. Verge-

bens durchstreifte sie die Welt, um eine Spur von Kore zu entdecken. Um nicht erkannt zu werden, betrat sie Eleusis in der Gestalt eines alten Weibes. Erschöpft setzte sie sich an den Kallichoron-Brunnen. Dort begegneten ihr die Töchter des Königs Keleos und führten Demeter in den Palast. So gastfreundlich empfangen, wurde sie aus Dankbarkeit die Erzieherin des kleinen Königssohnes Demophon, den sie unsterblich machen wollte. Die Königin Metaneira, überrascht von der übernatürlichen Entwicklung ihres Söhnchens, sah nachts einmal heimlich zu, wie Demeter den Demophon über das Feuer hielt. In ihrer Angst schrie und weinte die Königin. Die erzürnte Göttin unterbrach ihr Werk, offenbarte sich und befahl den Leuten von Eleusis, ihr einen Tempel und einen Altar etwas unterhalb der Stadt bei dem Kallichoron-Brunnen zu errichten. In diesem Tempel schloß die Göttin sich ein. Hadernd verbot sie der Erde, Früchte zu tragen. Eine große Hungersnot brach aus. Da aber die Menschen in Scharen starben, gab Zeus die Erlaubnis, daß Kore aus der Unterwelt zurückkehre und fortan mit ihrer Mutter im Olymp zwei Drittel des Jahres wohne. Demeters Zorn versiegte. Sie gab der Erde neue Fruchtbarkeit und, bevor sie Eleusis verließ, versammelte sie die Archonten und lehrte sie, wie man sie verehren sollte, offenbarte ihnen die Mysterien, die ihren strengen Hütern zu einem besseren Leben auf Erden und einem seligen Dasein in der Unterwelt verhelfen würden.

Die Feier zog sich über den ganzen Nachmittag hin. Die Frauen und Mädchen im Prozessionszug, der von Lago angeführt wurde, bestäubten im Heiligen Bezirk zwischen den Tempeln die »Phalloi« und

Ähren aus gebranntem Ton mit Puder. Auch dabei wurden Lieder gesungen. Hinterher gab es ein festliches Abendessen für alle Teilnehmerinnen, wie es Kallinike angekündigt hatte. Es gab Opferfleisch vom Spieß und hinterher Alle-Körner-Brei mit roten Bohnen, die Kallinike wieder auf den Boden spuckte. Der Wasserwein war mit Gewürzen aufgekocht, und Xanthippe wurde allmählich warm beim Trinken. Als die Tischrunde sich schon beinahe aufgelöst hatte, kam Lago und setzte sich neben Kallinike.

»Wer ist dieses Mädchen?« fragte sie.

»Das ist meine Cousine Xanthippe, die Tochter des Lysimachos, aus dem Demos Alopeke.«

»Du bist noch nicht eingeweiht. Sonst würde ich dich kennen«, sagte Lago zu Xanthippe. »Aber ich habe von dir gehört. Du bist mit Sokrates verlobt.«

Xanthippe überlegte, ob es nicht doch an der Zeit für sie war, eingeweiht zu werden. Bis zum Monat Boedromion im Herbst war es noch eine gute Weile hin. Dann mußte Philippos längst zurück sein.

»Wie du vielleicht weißt«, sagte Lago, »bereite ich die Mädchen im athenischen Eleusinion auf das große Geheimnis vor. Ich lehre sie die Gesänge und Gebete, die sie sprechen müssen, wenn es soweit ist.«

»Wir werden zusammen zu dir kommen«, sagte Kallinike, nachdem sie Xanthippes zustimmenden Blick aufgefangen hatte.

»Die Vorbereitungszeit ist wichtig für euch. Denn ihr wißt ja, wir Sterblichen müssen erst durch den

Hades, durch Feuer und Wasser und alle Schrecken der Erde gegangen sein, ehe wir die Wahrheit und das Licht der Göttin zu sehen bekommen.« Lago lächelte geheimnisvoll, legte den Finger auf den Mund und flüsterte die letzten Verse des Hymnos an Demeter:

> *Selig der Erde bewohnende Mensch,*
> *der solches gesehen!*
> *Doch wer die Opfer nicht darbringt*
> *oder sie meidet,*
> *Wird niemals teilhaftig an solchem Glück!*
> *Er vergeht in modrigem Dunkel.*

Zum Abschluß tranken Xanthippe und Kallinike noch einen Becher Kykeon, ein stark duftendes Getränk aus Wasser, Hafergrütze und Minze.

»Meine Diener warten am Tor mit den Maultieren«, sagte Kallinike entschuldigend. »Kommst du mit? Wir bringen dich nach Alopeke.« Das war der Moment, in dem Xanthippe Myrto erkannte. Eine Schale Kykeon in der Hand, kam sie durch den leeren Festsaal getaumelt.

»Geh nur. Ich möchte lieber allein nach Alopeke laufen«, flüsterte Xanthippe erschrocken und wandte sich schnell von Kallinike ab, aus Angst, sie könnte ihren Namen laut aussprechen.

»Endlich!« rief Myrto. »Endlich begegne ich dir wieder. Demeter hat uns zusammengeführt!«

»Ich habe keine Zeit«, sagte Xanthippe. »Ich muß nach Hause.«

»Dann werden wir gemeinsam gehen, auch wenn es der längste Umweg wird, den Myrto jemals gelaufen ist. Ich habe eine gute Lampe dabei, die weithin leuchtet. Mit ihr brauchen wir uns im Dunkeln nicht zu fürchten. Aber warum hast du keine Dienerin, die dich abholt? Ein junges Mädchen wie du sollte am Abend nicht allein durch die Straßen Athens gehen.«

Xanthippe ließ ihre Blicke durch den Saal schweifen. Weit und breit war keine Nachbarin, der sie sich hätte anschließen können.

»Sag mir, wo du hin mußt. Ich begleite dich«, schmeichelte Myrto.

»Ich bin es gewöhnt, allein zu gehen«, sagte Xanthippe.

»Aber heute mußt du es nicht. Myrto wird bei dir sein.«

»Wir können noch einen Wasserwein zusammen trinken«, schlug Xanthippe vor. »Und ein Brot essen.«

Myrto ging sofort darauf ein. Sie schob Xanthippe einen Stuhl hin, lief zum großen Mischkrug und kam mit zwei Trinkgefäßen mit warmem Wein zurück.

»Laß uns das Demeterlied singen, ich bin in der rechten Stimmung dazu.« Und dann begann sie auch schon. Sie war angetrunken, ihr Gesicht war rot, und die Augen glänzten.

»Warte einen Moment. Ich hole noch Brot für uns«, unterbrach sie Xanthippe.

Draußen im Freien atmete sie tief durch. Dann rannte sie los. Am Tor berührte jemand ihren Arm.

»Herrin, ich soll dich nach Alopeke zurückbringen. Steig auf das Maultier.«

Xanthippe erkannte einen von Kallinikes Dienern. Die gute Kallinike. Sie stieg hastig auf den Rücken des Maultiers. Der Diener hielt die Zügel in der einen Hand und beleuchtete mit der Lampe in der anderen den dunklen Weg.

»Schneller«, sagte Xanthippe. »Bitte beeil dich!«

»So schnell wie du befiehlst«, sagte der alte Diener und trieb das Maultier an.

Gerettet, dachte Xanthippe, noch einmal davongekommen.

Glück oder Unglück

Es war jetzt soweit, daß in allen Winkeln der Stadt der Mohn blühte. Xanthippe ging ohne Mantel und ließ sich die Sonne auf die nackten Arme scheinen, wenn sie zur Agora wollte. Selbst barfuß konnte man schon wieder laufen. Sokrates war den ganzen Winter über ohne Sandalen gegangen. Xanthippe hatte es mit Staunen beobachtet, und die Kälte an den Füßen hatte ihm anscheinend nichts ausgemacht. Er brachte ihr noch immer Äpfel von seinen Vorräten mit, völlig verschrumpelte.

»Ich glaube, er ernährt sich nur von Käse und Äpfeln, der Kauz«, berichtete sie Kallinike.

»Gib nur acht, daß du manchmal einen Fisch oder einen Hasenbraten bekommst, wenn du erst mit ihm verheiratet bist«, sagte Kallinike. »Frag ihn lieber noch einmal vorher, wie er darüber denkt. Wenn du erst bei ihm eingezogen bist, ist alles zu spät. Dann mußt du vielleicht von morgens bis abends Äpfel essen, angefaulte und verschrumpelte wohlgemerkt.«

»Also, vor den Äpfeln graust es mir wirklich«, sagte Xanthippe.

Sie hatte sich angewöhnt, ihn Kauz zu nennen. Einige seiner Freunde taten das auch, es paßte am besten zu Sokrates, der so viele seltsame Eigenheiten hatte, die man nicht gleich verstand.

»Du hast Glück, Sokrates ist nicht in Sizilien. Er

wird ein hohes Alter erreichen, und du wirst lange mit ihm verheiratet sein«, sagte Kallinike plötzlich mit Schärfe in der Stimme.

»Bald ist alles durchgestanden. Dann kommt auch Leagros zurück und wird euer Kind in den Arm nehmen.«

»Aber die Spartaner und die Korinther rücken an, um Syrakus zu Hilfe zu kommen.«

»Unsere Truppen werden Syrakus erobern, bevor sie eintreffen. Die Götter sind mit uns«, sagte Xanthippe matt. Sie hatte Kallinike schon so oft mit diesen Worten beschwichtigt.

Kallinike gab keine Antwort, und als Xanthippe zu ihr hinübersah, bemerkte sie, daß sie schon wieder weinte. Kallinike weinte oft in letzter Zeit. Seltsamerweise konnte Xanthippe ihre Ängste nicht teilen, obwohl es genug Gründe dafür gab. Durch das Fenster kam ein warmer Wind vom Meer her in Kallinikes Frauengemach. Draußen auf der Straße blühten die Mandelbäume weiß und rosa. Gewiß, Alkibiades, dieses Scheusal, war nach Sparta geflüchtet, um seinen athenischen Verfolgern zu entgehen, und hatte dort die Spartaner aufgehetzt, sich auf die Seite der Syrakusaner zu schlagen. Dies war ein ungeheuerlicher Verrat an Athen. Man konnte sich vorstellen, daß der einstige Feldherr Athens auch alle militärischen Geheimnisse an die Feinde verriet. Man wußte auch, daß Korinth eine Flotte ausgerüstet hatte, die Truppen nach Sizilien bringen sollte. Korinth war die Mutterstadt von Syrakus und außerdem eine der reichsten und mächtigsten Städte in Griechenland. Die Lage war ernster denn je. Viele Menschen in Athen, keineswegs nur Sokrates und Kallinike, waren inzwischen in Angst und Sorge um die athenischen Männer in Sizilien. Und von Philippos waren schon lange, viel zu lange, keine Nachrichten mehr gekommen.

Aber noch konnte alles gut werden, dachte Xanthippe und klammerte sich an die Hoffnung. Wie viele Schlachten hatte Athen schließlich schon gewonnen. Sogar die Perser hatten Athen am Ende nicht erobern können.

»Es wird alles gut werden«, sagte sie. »Wart's nur ab.«

»Warum sollte es gut werden?«

»Weil die Götter mit uns sind. Weil Athen Athenes Stadt ist. Weil wir die Götter ehren. Weil . . .«

»Hör auf mit dem Unsinn. Athene hat Tempel in Syrakus und in Korinth. Auch in Sparta verehren sie die griechischen Götter, nicht anders, als wir es tun. Sie opfern ihnen nicht weniger Stiere und Schweine als wir. Sie befragen die Orakel und halten sich an die Deutungen der Wahrsager, ehe sie in den Krieg ziehen. Aber sie sind unseren Truppen weit überlegen. Deswegen werden sie schließlich siegen. Athen kann nicht gegen so viele starke Städte gewinnen.«

»Du redest ja wie Sokrates.«

»Er hatte recht, als er vor dem Krieg warnte. Das weiß ich jetzt. Und es war mutig von ihm, seine Befürchtungen auszusprechen.«

Für Xanthippe hörten sich diese Worte an wie die einer Fremden aus einer anderen Stadt. Obwohl sie all das ebenso gut wußte wie Kallinike und obwohl die Lage für die athenischen Truppen inzwischen tatsächlich gefährlich geworden war, fühlte sie sich nicht wirklich betroffen. Sie hielt an ihrer Vorstellung fest. Mit Beute beladen würde Philippos eines Tages vom Schiff herunterkommen und sie umarmen. Kallinike und ihr Kind würden neben ihr stehen und Leagros erwarten.

Als sie die Treppe des Hauses hinunterging, spürte sie ein Unbehagen, und ihr Traum von der vergangenen Nacht fiel ihr wieder ein. Es war das Einweihungsfest des Hauses, das Kallias für Kallinike und Leagros bauen ließ. Sokrates und ihr Vater Lysimachos, Kallias und die anderen Gäste drängten sich lachend und durcheinanderredend ebendiese Treppe hoch in die oberen Wohnräume. Sie stand am Fuß der Stufen, um ihnen zu folgen. Aber die Ziegelsteine bröckelten unter ihren Füßen ab, und plötzlich gab es die Treppe nicht mehr, und sie wußte, daß sie nie wieder in das Haus hinein könnte.

Das Leben war hoffnungsvoller geworden, allein durch die Tatsache, daß es draußen warm war und man leichtbekleidet durch die Stadt gehen konnte, so schien es Xanthippe. Schildkröten schleppten sich über die Steinplattenwege, und Eidechsen sonnten sich überall. Auch in Sizilien war es jetzt vermutlich so, dachte sie. Die Männer brauchten in ihren Zelten nicht mehr zu frieren und konnten nun mit aller Kraft kämpfen. Auch die Schiffahrt war wieder eröffnet nach der Zeit der Winterstürme. Die fremden Händler kamen auf die Agora und breiteten ihre Waren aus.

»Es ist wärmer geworden«, sagte Sokrates, als sie wieder einmal auf der Treppe zum Hof saßen. »Aber das ist auch alles. Die Lage ist schlimmer denn je.«

»Sagt dir das dein Daimonion?« fragte sie, obwohl sie genau wußte, wie jeder andere in der Stadt, was seine innere Stimme ihm seit langem eingab. Sokrates sah sie an und schwieg.

»Jetzt hat die Pappel wieder Blätter bekommen«, lenkte sie ab. »Sprichst du abends mit ihr?«

»Manchmal, Apfelmädchen«, sagte er und lächelte in sich hinein.

Die Pappel, ja, die Pappel dachte sie. Daß er sich mit der Pappel unterhielt, paßte zu ihm. Aber Myrto, wie er mit Myrto umging, das konnte sie sich nicht erklären.

»Woran denkst du? Es muß etwas Ernstes sein.«

Diesmal schwieg sie.

»Wenn unsere Truppen zurück sind, wird der Ochse geschlachtet, und wir werden heiraten.«

»In ein paar Wochen könnte es soweit sein«, sagte sie und glaubte fest daran.

In ihrer Erinnerung schoben sich die Ereignisse ineinander. Dabei geschah in Wirklichkeit eins nach dem anderen.

Das erste Schiff, das nach der Winterpause im Hafen von Piräus eintraf, brachte die Urne mit der Asche des Leagros, der bei einem Reitergefecht, einem kleinen Scharmützel eigentlich, vor den Mauern von Syrakus von einem feindlichen Pfeil getroffen worden war. Mit demselben Schiff kam ein kurzer Brief von Philippos, der hoffnungsvoll klang. Er berichtete von allerlei Siegen und daß es gut um die athenische Sache stehe. Wenige Monate noch, so schrieb er, dann sehen wir uns wieder. Sei umarmt, Schwesterchen, und sorge dich nicht um mich.

Die Asche des Leagros wurde in einem Staatsbegräbnis feierlich auf dem Friedhof an der Gräberstraße im Kerameikos beigesetzt. Kallinike war nicht dabei, weil ihre Niederkunft unmittelbar bevorstand. Xanthippe stand zwischen Sokrates und Lysimachos und weinte hemmungslos während der Reden, die gehalten wurden.

In den nächsten Tagen hatte sie nicht die Kraft, Kallinike zu besuchen. Sie fürchtete, loszuweinen und ihr kein Trost zu sein. Sie igelte sich ein in ihrer eigenen Trauer, in der sie auch die unbestimmte Trauer um Philippos vorausnahm, so wie es in Alpträumen geschieht. Sie wagte nicht einmal, Lysimachos und Sokrates nach Kallinike zu fragen, die bei ihr und Kallias gewesen waren, wie es der Anstand verlangte. Was gab es da auch zu fragen und zu sagen. Wenn das Kind erst geboren ist, dachte sie, wird es ihr bessergehen.

Xanthippe erfuhr es erst, als alles schon geschehen

war. Kallias kam allein auf einem Maultier zum Haus des Lysimachos geritten, sein Haar war zerrauft und mit Asche bestreut, die Kleider waren schmutzig und zerrissen wie bei einem, der Trauer trug. Es war Abend, Sokrates und Lysimachos schoben Steine über ein Brett und sahen erstaunt auf, als Kallias eintrat. Er war seit Jahren nicht mehr in diesem Haus in Alopeke gewesen. Xanthippe, die gerade am Herd Wein erwärmt hatte, wischte sich die Hände am Küchentuch ab. Einen Moment überlegte sie, ob sie Onkel Kallias einen Becher von dem Wein anbieten sollte. Doch dann sagte sie sich, daß er ihn verabscheuen würde, weil er viel besseren in seinem Keller hatte. Also blieb sie ruhig stehen und wartete ab.

Als er sagte, was schwer zu sagen war, hatte Xanthippe plötzlich das Gefühl, daß das Schlimmste daran war, daß er es immer und immer wieder erzählen mußte. Zwei Tage lang hatte Kallinike in Wehen gelegen. Drei Hebammen und ein ägyptischer Arzt waren zu Hilfe gerufen worden. Schließlich kam das Kind, ein Mädchen, tot zur Welt. Wenige Stunden später starb auch Kallinike.

Sag etwas, Sokrates, dachte Xanthippe in ihrer Hilflosigkeit. Tröste mich. Du bist Philosoph. Erklär mir, warum so etwas geschehen kann. Warum die Götter das zulassen. Du hast dein Daimonion. Du weißt soviel. Du weißt alles. Erklär mir, warum das Leben so schrecklich ist.

Zwei Tage später war die Trauerfeier. Das Geheul der Klagefrauen hallte in den engen Straßen von

Piräus wider. Kallinike lag in ihrem Brautkleid, das Kind in den Armen, auf dem Verbrennungsplatz. Durch den Schleier ihrer Tränen prägte sich Xanthippe dieses Bild ein, ein Bild, das sie nie wieder vergessen würde. Und in dem Gefühl, daß die Götter ohne Erbarmen waren oder jedenfalls sehr weit weg und daß sie die Gebete der Menschen nicht erhörten, klammerte sie sich aus Angst vor dem Unbekannten, Furchtbaren, das noch kommen könnte, an Sokrates. Sein Körper war mager und gab keine Geborgenheit.

»Bring die Welt wieder in Ordnung für mich«, bat sie und drückte sich fester an ihn.

»Na ja«, sagte er ruhig.

Er roch nach säuerlichem Schweiß, nach Zwiebeln, Knoblauch und entfernt nach Äpfeln.

»Das ist schwer«, murmelte er. »›Ein Herz, das ertragen kann, gaben die Götter den Menschen‹, sagte Aischylos zum menschlichen Unglück. Mehr weiß ich auch nicht. Ich bin keiner, der zu allem etwas weiß, selbst wenn du das glaubst.«

War das alles, was er ihr zum Trost zu sagen hatte, dachte sie verzweifelt und löste sich von ihm.

»Mit den Männern redest du anders. Du führst sie dahin, den Sinn zu begreifen, der hinter den Dingen liegt. Ich will von dir wissen, warum die Götter so grausam zu den Menschen sind. Du sollst es mir erklären!«

»Im Leben gibt es nicht nur Glück. Das Leben ist kein andauerndes Fest. Es gibt auch Kriege, Armut, Krankheiten und Tod. Das weißt du, Xanthippe.«

Sie wußte es, aber es gefiel ihr nicht, wie selbstverständlich er es sagte.

»Die Götter schicken den Menschen den Schmerz, so wie sie ihnen auch die Freuden geben«, sagte Sokrates matt, während in Xanthippe Wut aufstieg. War das wirklich alles, was er wußte? Einfach hinnehmen, was kam, ohne Hoffnung, ohne irgend etwas dagegen zu tun?

»Es ist auch die Frage«, sagte er, »was Glück ist und was Unglück. Vielleicht ist es ein und dasselbe.«

Xanthippe hatte das Gefühl, schreien zu müssen, sich die Kleider zu zerreißen und Asche ins Haar zu streuen. Kallinikes Tod – war er nicht alle Tode? Auch der von Leagros, der ihres Kindes und sogar der von Ariste, die ihn schon so lange hinter sich hatte? Nichts würde jemals mehr so sein, wie es einmal war. Ernüchtert sah sie Sokrates an. Er war ein alter Mann mit einem faltigen Hals in einem unsauberen Gewand und mit schmutzstarrenden Füßen. Er hatte sie allein gelassen, nachdem auch Kallinike nicht mehr da war. Philippos, nur Philippos, er war der einzige, das Beste in ihrem Leben, ein Teil von ihr. Niemand konnte sie trennen. Die Götter würden ihn schützen, sie mußten ihn beschützen und ihr zurückbringen.

»Wer glücklich sein will, muß vorher durch den Hades gegangen sein und darf sich vor nichts fürchten«, sagte Sokrates und schreckte sie aus ihren Gedanken auf. »Das habe ich bei Heraklit gelesen und lange darüber nachgedacht.«

»Hör auf mit deinen Büchern. Mach etwas!«

»Was erwartest du von mir?«

»Mach, daß ich dich verstehen kann. Ich möchte wenigstens ein bißchen so werden wie du. Und ich weiß, daß du mich dahin bringen kannst.«

»Ach, Xanthippe«, sagte er nur.

»Auch wenn es Jahre dauert, ich tue alles, was du mir sagst«, beharrte sie.

»Weißt du«, sagte er und legte Pausen zwischen die Wörter, »diese begabten Jungs ... Philippos und Leagros, der jetzt tot ist ... Sie waren die ganze Hoffnung Athens. Ich habe soviel von ihnen erwartet ... alles im Grunde genommen.«

Ihr war danach, mit den Fäusten auf ihn loszugehen, sich mit ihm zu prügeln.

»Ich bin wie Philippos. Ich kann lernen wie er. Auch aus mir würden Gedanken herausfließen, wenn du mir nur hilfst.«

»Ach, Xanthippe. Durch den Hades, habe ich gesagt. Bedenke, du bist ein Mädchen. Du weißt nichts vom Hades und nichts von der Liebe, und vom Tod nur das Wenige ...«

Sie wußte genug von der Dunkelheit, von der Liebe und vom Tod. Es kam ihr so vor, als wäre nicht nur Kallinike aus ihrem Leben gegangen, sondern auch Sokrates.

Sie waren die letzten auf dem Friedhof. Kallias war schon lange fort, und Lysimachos ließ sich vermutlich sein blühendes Orakelgeschäft nicht entgehen.

»Laß uns ein andermal weiterreden«, sagte er, »das ist nicht der richtige Ort. Ich begleite dich nach Hause.«

Nachdem Xanthippe Feuer im Herd gemacht hatte, um für Sokrates den Wein zu wärmen, saßen sie einander schweigend gegenüber. Während er sie unverwandt ansah, spürte sie, daß ihre Trauer allmählich nachließ. Wie eine vertrocknete Eidechse, die aber noch lebendig ist, dachte sie. Und wenn man sie mit Wasser begießt, ist sie wieder die alte, dick und rund und schillernd, und läuft davon.

»Wir machen uns ein Bett auf dem Boden.«

Sie sah ihn fassungslos an. Aber er hatte es wirklich so gemeint.

»Hol deine Decke. Wir sind ganz allein.«

Sie holte die Decke und ihr Kissen und breitete beides auf dem Boden aus.

Alles, was sie empfand, war Erstaunen, als er sie auszog und sanft auf die Decke drückte. Und dann war es wie ein Sprung, wie ein langer nicht endenwollender Sprung, über den Schmerz hinweg, über alles Denken, in etwas Fremdes hinein.

»Philippos«, schluchzte er, »Xanthippe.« Dann schüttelte sich sein ganzer Körper, daß sie Angst bekam, während es ihr an der Hüfte naß und warm wurde. Danach war alles wie vorher. Dick, rund und schillernd schlängelte die Eidechse davon.

Leiden zu groß, um zu weinen

Es war wie klebrige Asche, die auf den Möbeln lag, auf den Steinplatten, auf dem Teppich. Selbst auf der Haut spürte Xanthippe die zähe Schicht. Lysimachos war bedeckt davon, das ganze Haus. Klebrige, feinste Asche mit dem dunkelsten aller Gerüche. Sie war überall. Doch ihre Allgegenwärtigkeit war kein Trost. Es kam vor, daß sie träumte, sie sei mit Philippos unterwegs zum Sportplatz. Im Aufwachen spürte sie wieder die Asche. Das Brot schmeckte dunkel und fade.

Es war etwas geschehen, was sie in der ersten Zeit danach nicht aussprechen konnte, wenn die Rede darauf kam. Aber es war geschehen, und jeden Tag geschah es aufs neue. Jeder Tag war der Sterbetag von Philippos.

Milon hatte ihr die Botschaft gebracht, als sie allein im Haus Kuchenteig knetete. Milon, Philippos bester Freund, war einer der wenigen Kämpfer, die die letzte Schlacht vor Syrakus überlebt hatten.

Xanthippe sah ihm auf den ersten Blick an, welche Nachricht er ihr überbringen mußte. Sie war wie versteinert. Sie wußte Bescheid. Die athenische Flotte war vernichtend geschlagen, das Heer auf dem Rückzug ins Landesinnere völlig aufgerieben worden. Von vierzigtausend Soldaten waren die meisten tot, einige tausend in Gefangenschaft geraten und nur wenige hatten ihr Leben retten können. Athen trug Trauer um Männer, Väter und Söhne, die so hoffnungsvoll ausgezogen waren.

»Es ist besser für Philippos, tot zu sein als gefangen«, sagte Milon, nachdem er wieder zu sprechen wagte. »Die Überlebenden wurden als Sklaven in die Steinbrüche gebracht.« Er sagte nicht, wie genau Philippos starb. Xanthippe ahnte, daß er etwas verschwieg. Aber sie hatte nicht den Mut, ihn nach der ganzen Wahrheit zu fragen.

Milons Gesicht war scharf und hager, seine sehnigen Arme waren narbenbedeckt, und an seinem rechten Bein hing ein verkrusteter Verband. Er war auf abenteuerlichen Wegen auf seinem schwarzen Chalkos entkommen, berichtete er, als Lysimachos in Begleitung von Sokrates nach Hause gekommen war. Zunächst hatte er sich nach Katana flüchten können. Von dort war er auf einem Getreideschiff nach Athen übergesetzt. Er hatte das größte Glück gehabt, das ein Mensch nur haben konnte. Aber Xanthippe spürte nichts als dumpfen Schmerz und eine undeutliche Wut auf ihn, der überlebt hatte, während Philippos tot war. Obwohl ihn keiner darum gebeten hatte, blieb Milon auf der Steinbank im Hof sitzen. Lysimachos hatte sich in seinen Mantel gehüllt und schluchzte wie ein Kind in sich hinein. Wie ein Fremder hockte Sokrates auf dem Erdboden.

»Leiden zu groß, um zu weinen«, sagte Milon leise. »Keine hundert Männer sind bis jetzt nach

Athen zurückgekehrt. Unsere Stadt hat fast alle Schiffe verloren. Nikias und Demosthenes, unsere Generäle, wurden in Syrakus hingerichtet.«

Nie mehr würde Athen sein, was es einmal war, als die hundert Schiffe im Sommer vor zwei Jahren nach Sizilien in See gestochen waren.

»In wenigen Wochen wird die Flotte der Syrakusaner in Piräus liegen, und Spartas und Syrakus Hopliten werden unsere Stadt erobern«, stieß Lysimachos hervor. Weder Sokrates noch Milon widersprachen ihm. Gut, auch das noch, dachte Xanthippe. Es war ihr alles gleichgültig, nachdem Philippos tot war. Ihre Augen trafen die von Milon, in denen alles Wissen um das Grauen stand. Sie wußte nicht, was es war und was er gesehen hatte. Doch für Sekunden spürte sie es in ihrem ganzen Körper, und sie beschloß, ihn nie nach dem zu fragen, was er in den letzten Tagen bei der Niederlage vor Syrakus erlebt hatte.

Die Dinge, über die Milon geschwiegen hatte, wurden von den anderen Überlebenden ausgesprochen und hundertfach weitererzählt von allen athenischen Bürgern. Auch Xanthippe bekam sie zu hören, sosehr sie sich auch von der Umwelt abschloß. Die geschlagene Armee der Athener hatte zuerst die Schiffe am Meer zurückgelassen, um auf dem Landweg irgendwo in Sizilien Zuflucht vor ihren Verfolgern zu suchen. Als sie sich zur Flucht entschlossen, hatten sie keine Zeit mehr, die Toten zu begraben. Die Verwundeten, die nicht mehr gehen konnten, ließ man im Lager zurück, wohlwissend, daß sie verhungern und verdursten mußten oder, im besten Fall, den Feinden in die Hände fielen. Nur mit einer Wolldecke, mit Teller und Wasserflasche auf dem Rücken, so flohen die athenischen Soldaten, verwundet und vom Fieber geschüttelt. Ungeordnet, erschöpft und ohne Hoffnung stolperten sie bei Nacht durch unbekanntes Gelände, unter dem Geschoßhagel ihrer Verfolger, die aus dem Hinterhalt Pfeile und Steine auf sie abgaben.

Die Hochzeit mit Sokrates war auf die Zeit nach der Weinlese festgelegt, auch wenn die Trauerzeit bis dahin noch nicht abgelaufen war. Sie hatten mehr als zwei Jahre gewartet, nun mußte es sein.

In den Morgenstunden saß Xanthippe still an ihrem Webstuhl im Obergeschoß des Hauses und versuchte, den blau-weißen Wollteppich fertig zu bekommen. Um die Mittagszeit brachte sie Lysimachos wie immer das Essen zum Apollontempel. Danach kaufte sie Brot, Käse und Oliven ein und ging noch eine Weile ziellos durch die Stadt. Für ein Mädchen ihres Alters schickte sich das zwar nicht, doch die Zeiten hatten sich geändert. Viele reiche Familien waren durch den Krieg arm geworden und hatten ihre Sklaven entlassen, so daß manche Frau nun wohl oder übel selbst mit dem Korb auf die Agora gehen mußte, um Essen, Kleidung oder Haushaltsgerät einzukaufen.

Als die Schreckensnachricht aus Sizilien in Athen

eingetroffen war, hatte es an der Gräberstraße im Kerameikos eine Trauerfeier für die Toten gegeben, an der alle Bewohner der Stadt in Trauerkleidung teilnahmen. Es wurden ehrende Reden für die Vermißten und Gefallenen gehalten, die unbegraben in Sizilien geblieben waren. Das war eine Schande ohnegleichen in der Geschichte Griechenlands und Athens. In aller Eile hatte man ein prächtiges Marmordenkmal errichtet, vor dem sich die Blumen häuften. Auch Xanthippe und Lysimachos hatten dort Töpfe mit rotblühenden Geranien hingestellt. Jeden Tag, wenn sie ihre Einkäufe nach Hause gebracht hatte, ging Xanthippe noch einmal den traurigen Weg über die Heilige Straße zum Kerameikos und zur Gräberstraße. Dort goß sie erst die Blumen an Kallinikes und Leagros Grabstein und dann die vor dem Staatsdenkmal, das auch Philippos ehrte. Es war trotz allem ein schöner Platz, gleich neben dem Eridanos, an dessen Ufer blühender Oleander und schattige Platanen standen.

Manchmal ging sie anschließend ein Stück stadtauswärts zu der Wiese, wo der verwundete schwarze Wallach Chalkos neben ein paar Eseln und Maultieren graste. Meistens brachte sie ihm ein Stück trockenes Brot oder eine Rübe mit. Sie streichelte ihn und sprach mit ihm, so wie sie mit ihrem Vogel Xanthias gesprochen hatte, bevor sie ihn vergaß.

Einmal stand plötzlich Milon neben ihr, und ihre Hände berührten sich leicht auf dem Fell des alten Pferdes.

»Kallinike und Leagros sind tot«, sagte Xanthippe traurig. »Vielleicht ist es gut, daß sie das alles nicht erleben mußten. Auch Philippos ist tot, und die meisten seines Alters wurden verkauft oder erschlagen. Nicht alle Kriege enden so schrecklich. Und jetzt reiten die Spartaner vor den Stadtmauern auf und ab und warten auf die Gelegenheit, Athen zu erobern und uns alle in die Sklaverei zu schicken.«

»Ja, darauf hoffen sie. Aber unsere Mauern sind stark, und die Stadt ist voller Söldner, die uns verteidigen«, sagte Milon. »Noch haben die Spartaner keinen Fuß in die Stadt setzen können.« Tröstend legte er den Arm um sie. »Chalkos' Wunden heilen langsam, obwohl ich schon dachte, er würde an ihnen zugrunde gehen.«

»Auch deine Wunden heilen.«

»Ja, die äußeren, die man sieht.«

»Dein Vater hatte großes Glück, daß du lebend zurückgekommen bist.«

»Habe ich dir erzählt, daß er Chalkos dem Poseidontempel geschenkt hat aus Dankbarkeit für meine Rettung und auch, weil Chalkos genug im Krieg leiden mußte? Er soll nie mehr bei irgendwelchen Kämpfen eingesetzt werden.«

Xanthippe gefiel diese Lösung. Chalkos würde für den Rest seines Pferdelebens in Sicherheit sein. Sie stellte sich vor, wie er mit geflochtener Mähne und goldenem Zaumzeug bei den Prozessionen zu Ehren des Gottes mitgehen würde.

Milon ließ sich auf einer umgestürzten Marmorsäule aus uralter Zeit nieder, die vor dem Zaun wie eine Sitzbank lag, und zog Xanthippe behutsam neben sich. Ein Gutes hatte der Krieg womöglich doch gebracht, dachte sie. Die Menschen in der Stadt waren sich in ihrer gemeinsamen Trauer, in den Entbehrungen und Ängsten, die sie alle betrafen, nähergekommen. Der Umgang miteinander war unbeschwerter und herzlicher geworden. Standes- und Bürgerrechtsunterschiede waren nicht mehr ganz das, was sie einmal gewesen waren. Das galt für Herren und Sklaven, für Frauen und Männer, für Bürger und Nichtbürger. Es galt hier und jetzt auch für sie, Xanthippe und Milon. Noch vor zwei Jahren hätte sie es nicht gewagt, allein auf einer Wiese so dicht neben einem Jungen zu sitzen und offen mit ihm zu reden, selbst wenn er der beste Freund ihres Bruders war.

»Als Philippos noch lebte, haben wir uns eine wunderbare Zukunft vorgestellt. Wir wollten uns später ein schönes Leben zusammen machen, das Haus umbauen, größer und prächtiger, viele Sklaven stellten wir uns vor, Pferde auch, eins für Philippos und eins für mich. Und nach Persien wollten wir reisen.«

»Warum Persien?«

»Hat er dir nichts davon erzählt?«

»Nicht von Persien. Aber manchmal sagte er, nach dem Krieg würde er als Söldnergeneral nach Asien gehen. Leagros wollte das auch. Sie hatten Angst, eines Tages in Athen nichts mehr zu tun zu haben.

Sie brannten darauf, irgendwo zu kämpfen und Beute zu machen.«

Nein, das war es nicht gewesen. Damals als Kinder hatten sie Nachmittage lang im Hof gesessen und sich von Persien erzählt, wo alles anders war als in Athen. Eigentlich wußten sie nichts über dieses Land, abgesehen von ein paar Geschichten über den Reichtum des Großkönigs, vor dem sich alle Untertanen in den Staub werfen mußten bei der Begrüßung. Doch je weniger sie wußten, desto bunter hatten sie sich ihre zukünftige Reise dorthin ausgemalt. Sie würden beide mit dem Großkönig auf Löwenjagd gehen, hatte Philippos in Aussicht gestellt, und auf Elefanten bis nach Indien reiten. Und stell dir vor, niemand kennt uns dort und all die Geschichten von Lysimachos und Onkel Kallias. Vielleicht wollen wir nie mehr nach Athen zurück.

»Sokrates und ich«, sagte Xanthippe und spann den Faden ihrer Gedanken fort, »wir beide könnten eigentlich ganz gut in Persien leben, was meinst du? Dort werden Philosophen sicher auch als Lehrer gebraucht.«

»Dort gibt es keine Demokratie, keine Volksversammlung, keine Abstimmungen«, sagte Milon. »Die Perser sind alle nur Sklaven ihres Königs. Sie sind Barbaren.«

»Immerhin glaube ich, daß sie ruhiger leben und sicherer als wir in Athen, auch wenn sie keine Demokratie haben. Jeder Mensch weiß bei ihnen, wo er hingehört und was er zu tun hat. Es gibt klare Gesetze, an die man sich halten kann, und nicht jeden Tag etwas Neues wie bei uns. Für mich gibt es in Athen nichts Gutes und nichts Schönes mehr. Als Kind war ich jedesmal stolz, wenn ich hochsah zur Akropolis und zum Tempel der Stadtgöttin. Ich war stolz darauf, Athenerin zu sein.«

Xanthippe brach ab. Das war vorbei. Jetzt empfand sie eher Angst, wenn sie daran dachte, daß sie Athenerin war. Der Krieg gegen Syrakus war Übermut gegen die Götter gewesen und gegen die Menschen der sizilischen Städte, oder Hochmut, so hatte sich Sokrates immer ausgedrückt, schon damals am Anfang, als der Sieg noch so sicher erschien.

»Es gibt Dinge in Athen, die nur von weitem so aussehen, als seien sie gut und schön«, sagte sie. »Sobald man näher herangeht und wenn man den Vorhang zurückzieht, dann stinkt es dahinter. Ich glaube nicht, daß das Leben hier besser wird, wie ich früher gehofft habe. Es kann höchstens schlimmer werden.«

Milon gab keine Antwort. Es war, als hätte sie ins Leere gesprochen. Er erwiderte auch nicht ihren Abschiedsgruß, als sie aufstand und ging. Sie beeilte sich, nach Hause zu kommen. Sie mußte das Abendessen vorbereiten.

Hinter dem Haus saßen Sokrates und Lysimachos einträchtig im Schatten unter dem Weinspalier, warfen die glatten Fußknöchelchen der Lämmer beim Astragaloi-Spiel und tranken Wasserwein. Die

Trauben waren noch klein, hart und grün. Xanthippe brachte Fladenbrot und eine Schüssel mit Hirsebrei und darin gekochten Tintenfischstücken hinaus, worauf sie die Astragaloi fortschoben und zu essen begannen. Lymettos rückte zur Seite, als sie sich dazusetzte und schweigend löffelte.

Lysimachos und Sokrates sprachen über die Zukunft Athens und über das, was in der Stadt zu hören war, von der nächsten Volksversammlung auf dem Pnyxhügel und wie sie abstimmen würden.

»Man muß die Mauern höher bauen«, schlug Lysimachos vor.

»Beim Zeus, wahrhaftig«, sagte Sokrates. Und wie immer war nicht klar, ob er sich über seinen Gesprächspartner lustig machte oder Zustimmung zum Ausdruck brachte.

Nach dem Essen wankte Lysimachos fort, um Freunde zu besuchen, wie er sagte. Xanthippe stellte die Schüssel mit den Resten von Brei und Tintenfisch für Lymettos in die Ecke.

»Darf ich noch etwas bleiben?« fragte Sokrates.

Statt einer Antwort goß Xanthippe neuen Wasserwein mit Gewürzen und Honig aus dem schwarzen Mischkrug in seine Trinkschale.

»Würde ich dir gefallen, wenn ich am Tag unserer Hochzeit in einem dunkelpurpurnen Mantel käme?« wollte er wissen.

»Warum gerade diese Farbe?«

»Weil ich hoffe, daß du sie magst. Ich habe den Mantel schon bestellt.«

»Hat er ein Muster aus Goldfäden am Saum?«

»Wenn du willst, werde ich noch sagen, daß er ein Muster aus Goldfäden haben soll.«

»Ich werde mein krokusfarbenes Kleid tragen, das ich damals in Delos anhatte.«

Milon

Dort, wo jetzt Chalkos weidete, stand in früheren Zeiten ein Tempel. Er war schon vor Jahrzehnten bei einem Erdbeben zusammengestürzt. Aus irgendeinem Grund war er nicht wieder aufgebaut worden. Die Säulentrommeln lagen von Gras und Unkraut überwuchert in weitem Umkreis herum. Auf den Marmorplatten sonnten sich Schildkröten und Eidechsen. Xanthippe zog es neuerdings oft hierher, wo niemand außer Milon sie vermutete. Mit hochgezogenen Knien konnte sie stundenlang auf einer der Platten des alten Tempels sitzen und Chalkos beobachten, wie er Gras rupfte. Oft hielt sie ihm Äpfel auf der flachen Hand hin, mit denen Sokrates sie reichlich versorgte.

Die Akropolis mit ihren weißen Tempeln und Säulenhallen, Chalkos und Milon, das war in ihren Augen alles, was vom einstigen Glanz Athens übriggeblieben war. Ach ja, und Sokrates natürlich.

Sie webte nicht mehr an ihrem Teppich und kümmerte sich auch nicht um ihre sonstige Aussteuer. Was in der Pinienholztruhe lag, würde schon ausreichen. Es schien ihr wichtiger, hier draußen zu sitzen, an Philippos zu denken und an die vergangenen Zeiten. Meistens nahm sie Lymettos mit. Er lag dann still neben ihr und schlief in der Sonne.

Milons Vater war Athens Gesandter in Sparta, und vor ein paar Tagen hatte er Milon zu Verhandlungen dorthin mitgenommen. Zu unseren schlimmsten Feinden, dachte Xanthippe erbittert. Sie wollen Athen erobern und spartanische Sitten bei uns einführen. Das Leben der Spartaner war seit Urzeiten ein armes Leben, verglichen mit dem der Athener. Statt ins Theater zu gehen, wo Komödien und Tragödien aufgeführt wurden, gingen die Männer lieber zum Sportplatz, um sich Prügel- und Boxkämpfe anzusehen. Alle Männer lebten in Kasernen und mußten täglich trainieren. Auch die Frauen trieben Sport. Da es in Sparta heiß war, jedenfalls heißer als in Athen, waren sie nackt dabei. Und sie entwickelten kräftige, muskulöse Körper, fast wie die der Männer. Sie lernten reiten und boxen. Es war zum Grausen. Und zu essen gab es eine scheußliche schwarze Suppe aus Tierblut und Speck, die in riesigen Kesseln für alle männlichen Spartaner zu Mittag gekocht wurde. Ob Milon jetzt auch von dieser schwarzen Suppe essen mußte? Und ob er sie mochte?

»Sei gegrüßt, Xanthippe«, sagte er, und sie schrak zusammen, so wenig hatte sie ihn gerade jetzt erwartet. »Wir sind wieder zurückgekommen.«

»Und, hast du dich bei unseren Feinden wohlgefühlt?« fragte sie.

Es gab viele Gerüchte über Milons Vater. Es hieß, er sei ein halber Spartaner und stehe innerlich auf der Seite der spartanischen Feinde.

Milon hob die Schultern. »Es gab Verhandlungen über athenische Kriegsgefangene, die sich noch in den Händen Spartas befinden und dort auf den Feldern arbeiten. So wie es aussieht, werden sie bald nach Hause zurückgeschickt.«

»Deine Großmutter war Spartanerin, ist das wahr? Oder ist es nur eine von den Geschichten, die man sich erzählt?«

Milon setzte sich neben Xanthippe auf den Marmorblock. Er schien eine Weile zu überlegen, was er antworten sollte. Er schämt sich, dachte Xanthippe, weil er kein richtiger Athener ist.

»Es ist die Wahrheit«, sagte er schließlich. »Sie hieß Theano und war in ihrer Jugend ein wildes Mädchen. Sie hatte rote Haare und grüne Augen. Es wird behauptet, ich sähe ihr ein bißchen ähnlich.«

Xanthippe blickte Milon aufmerksam an. Seine Haare waren dunkelblond und die Augen graugrün. Die meisten athenischen Männer hatten dunkleres Haar und dunklere Augen.

»Mein Großvater, der übrigens auch Milon hieß, war ebenfalls Gesandter in Sparta. So lernte er sie eines Tages kennen. Er hat die Geschichte oft erzählt, wie er sie das erste Mal traf. Sie kam von der Jagd und hatte gerade einen Fuchs erlegt. Sie trug einen kurzen geschlitzten Chiton, hatte Pfeil und Köcher umgehängt und blutig zerkratzte Knie. Sie saß auf einem struppigen kleinen schwarzen Pferd und beschimpfte meinen Großvater, weil er ihr mit seinem Wagen im Weg stand.«

Milons Großvater hatte Theano damals geheiratet und mit nach Athen gebracht. Es wurde erzählt, daß Theano vor den Stadtmauern lange Ausritte unternommen hätte, ohne sich darum zu scheren, daß solch ein unweibliches Verhalten in Athen Anstoß erregte. Sie soll sogar zusammen mit ihrem Mann auf die Jagd gegangen sein. Aber vielleicht waren das auch nur Übertreibungen.

»Sie hat mich großgezogen nach dem Tod meiner Mutter«, sagte Milon. »Und ich glaube, sie hat mich sehr beeinflußt.«

»Du bist ein halber Spartaner geworden«, sagte Xanthippe.

»In gewisser Weise ja. Ich liebe Athen und möchte an keinem anderen Ort der Welt leben. Sparta ist schön für eine kürzere Zeit im Sommer oder im Herbst. Aber für immer könnte ich dort nicht sein.«

»Ist es wahr, daß deine Großmutter Theano mit deinem Großvater zusammen auf die Jagd gegangen ist?«

»Das haben sie bis ins hohe Alter getan. Sie war eine gute Reiterin. Aber nicht nur das. Oft sind sie auch gemeinsam ans Meer geritten und haben Wettrennen am Strand gelaufen. Theano war es nun einmal so gewöhnt. Sie war so aufgewachsen. Im Frauengemach zu sitzen und Wolle zu spinnen, darüber konnte sie nur lachen. Manchmal hat sie auch Teppiche gewebt, im Winter, wenn es zu kalt war, um viel unterwegs zu sein, und sie hat sich um ihre Kinder gekümmert wie andere athenische Mütter auch. Aber sie vergaß nie, wie sie in Sparta gelebt hatte, und behielt viele ihrer Angewohnheiten bei. Meinem Großvater war es recht so. Er hatte sich in sie verliebt, weil sie ganz anders war als athenische Mädchen.«

»Und du? Wie denkst du über Spartanermädchen?«

Er lächelte. »Sie gefallen mir. Sie sehen hübsch aus in ihren kurzen Chitonen mit den Schlitzen an den Oberschenkeln.«

»Man sieht dann ja ihre Beine.«

»Das geht nicht anders. Sie laufen viel und bewegen sich dabei schnell. In langen engen Chitonen wäre das nicht möglich.«

»Aber es schickt sich nicht, daß Mädchen sich so vor Männern zeigen.«

»Das ist eine Frage der Gewohnheit. In Sparta kennt man es nicht anders.«

»Ist es wahr, daß Mädchen in Sparta sogar Ringkämpfe machen?«

»Sie üben sich in vielen Sportarten. Sie laufen, sie ringen, und sie trainieren Diskus- und Speerwerfen.«

»Und das alles nackt«, seufzte Xanthippe.

»Es ist dort immer so gewesen«, sagte Milon.

»Chalkos geht es jeden Tag besser«, sagte Xanthippe, um auf ein anderes Thema zu kommen. Doch Milon war jetzt in Fahrt geraten.

»Bist du etwa nicht stolz auf deinen Großvater?«

»Auf Aristides? Ich bin sehr stolz auf ihn«, sagte Xanthippe, und ein liebevolles Gefühl stieg in ihr auf. Jeder Athener kannte die Geschichte von Aristides dem Gerechten, der sich in den Perserkriegen als

Feldherr Athens bewährt hatte und später die Gelder der Bundesgenossen für den Seebund gegen die Macht der Perser mit größter Gerechtigkeit verwaltet hatte. Dennoch hatte ihn das Volk von Athen beim Scherbengericht dazu verurteilt, in die Verbannung zu gehen. Und er war gegangen, ohne ein Wort der Klage, weil die Gesetze nun einmal so waren.

»So wie du stolz bist auf Aristides, so geht es mir mit Theano. Es kommt noch hinzu, daß ich ihr Liebling war und ihr erstes Enkelkind. Sie hat mich nach Spartanersitte aufgezogen, ohne Windeln, und dafür gesorgt, daß ich keine Angst im Dunkeln hatte. Als ich älter war, schor sie mir mit eigener Hand die Haare, wie sie es bei den Spartanerkindern machen, und sie gewöhnte mich daran, barfuß zu gehen. Sie ließ keine Amme in meine Nähe. Besser als sie könne keine Frau für mich sorgen, behauptete sie. Als ich sechzehn war, brachte mich mein Vater nach Sparta zu den anderen Irenes. Ich wurde einer der beiden Gruppen zugeordnet, und eines Tages mußten wir versuchen, am Altar der Artemis Orthia Käse zu stehlen. Meiner Gruppe gelang es, den ganzen Käse fortzunehmen.«

Irenes nannte man die sechzehnjährigen Jungen in Sparta, wenn das Fest ihrer Mannbarkeit gefeiert wurde. Einen Moment lang war Xanthippe fast entsetzt darüber, wie eng Milons Beziehungen zum größten Feind Athens doch waren. Aber schließlich, auch Milon hatte ja in Sizilien für Athen gekämpft, ebenso wie Leagros und Philippos.

»War es nicht seltsam für dich, gegen die Spartaner anzutreten?«

»Ja«, sagte er. »Ich wußte, daß unter den spartanischen Truppen gute Freunde und alte Bekannte waren, und sogar Verwandte, die mich früher gastfreundlich aufgenommen hatten. Damit muß man in allen Kriegen fertig werden.«

So wie die Dinge standen, dachte Xanthippe fast erschrocken, würde Milon eines Tages wieder gezwungen sein, gegen spartanische Truppen in den Krieg zu ziehen. Er war ein Mann, und das Schicksal eines Mannes war es nun einmal, seine Stadt zu verteidigen, gegen welche Feinde auch immer.

»Denkst du das gleiche wie ich?« fragte Milon.

»Vielleicht«, sagte Xanthippe und griff vor Verlegenheit in Lymettos Fell.

»Aber mein Vater wird alles tun, um neue Kämpfe zwischen Sparta und Athen zu verhindern«, sagte er mit Festigkeit in der Stimme. »Und eines Tages werde ich vielleicht auch Gesandter für Athen in Sparta sein. Dann werde ich auch alles tun, daß unsere Städte nicht mehr miteinander im Krieg liegen müssen.«

Ich bin nur ein Mädchen, dachte Xanthippe, und habe nicht soviel gesehen und erlebt wie er. Aber das weiß ich besser: Athen und Sparta bekämpfen sich seit Jahrzehnten, und es wird nie einen wirklichen Frieden zwischen ihnen geben. Vor allem in Sparta lebten die Bürger seit urdenklichen Zeiten in ständiger Kriegsbereitschaft. Von klein auf wurden die

Jungen in Lagern großgezogen und in allen Sport- und Kampfarten hart trainiert. Bildung, Lesen und Schreiben wurde ihnen nur in geringem Maße vermittelt. Etwas Musik und Gesang trieben sie auch, schließlich gehörte die Musik ebenfalls zum Kampf.

»Ich könnte mir nicht vorstellen, in Sparta zu leben«, sagte sie.

»Es ist anders, als du es dir vorstellst«, sagte Milon. »Auf alle Fälle geht es den Frauen und Mädchen in Sparta besser als denen in Athen.«

Xanthippe dachte eine Weile darüber nach. Das Leben der gutbürgerlichen Frauen und Mädchen Athens war auf Haus und Hof beschränkt. Wenn Einkäufe zu erledigen waren, schickten sie ihre Sklaven, und wenn sie einen Besuch machen wollten, begleitete sie eine Dienerin. Sparta war kleiner als Athen, und die Männer befanden sich ständig irgendwo auf Feldzügen außerhalb der Stadt. Schon aus diesem Grund hatten die Frauen und Mädchen mehr Verantwortung im öffentlichen Leben. Oft waren fast sämliche Männer monatelang fort, und nur die Sklaven blieben zurück und mußten beaufsichtigt werden. Die meisten spartanischen Frauen und Mädchen waren wahrscheinlich auch heute noch so wie Milons Großmutter Theano, unerschrocken, sportlich und vorlaut.

»Dir würde es bestimmt auch gefallen, mit deinem Mann auf die Jagd zu gehen«, sagte Milon.

»Mit Sokrates? Nie!«

»Zum Beispiel mit mir«, sagte Milon.

Sie mußten beide lachen. Dann wurde Xanthippe wieder verlegen.

»Du wirst eines Tages ein Mädchen aus Sparta heiraten«, sagte sie schließlich.

»Ja«, sagte er. »Das habe ich mir auch schon überlegt.«

Die Menschen waren verschieden, jeder brauchte etwas anderes. So wie Philippos und sie sich nach Persien geträumt hatten, als sie Kinder waren, so sehnte sich Milon insgeheim nach Sparta und nach der Schwarzen Suppe, obwohl er ein athenischer Bürger war.

»Vielleicht wird Sparta eines Tages die mächtigste Stadt in Griechenland sein«, sagte Xanthippe. »Und vielleicht werden uns die Spartaner zwingen, so zu leben wie sie. Die Männer müssen alle in Kasernen leben und dürfen nur manchmal nach Hause zu ihren Frauen und Kindern gehen. Die Demokratie wird abgeschafft. Auch in Athen werden zwei Könige eingesetzt, und statt des Volkes herrschen die Oligarchen, einige wenige aus den reichsten Familien.«

»Daran glaube ich nicht. Wir Athener werden für die Demokratie kämpfen«, sagte Milon.

»Du wirst uns nicht verraten wie Alkibiades?«

»Niemals. Ich verabscheue Alkibiades. Er hat uns an die Spartaner verraten und ihre Truppen gegen uns losgeschickt. Aus reiner Rachsucht und verletztem Stolz.«

Xanthippe war beruhigt. Er dachte wie sie. Er war ein richtiger Athener. Nichts stand zwischen ihnen.

Milon holte Kürbiskerne aus seinem Gewand hervor und gab ihr ein paar davon.

»Aber die athenischen Mädchen und Frauen sollten auch Sport treiben«, sagte er. »Es wäre besser für sie und gesünder.«

»Aber nicht halbnackt und unter den Augen der Männer«, sagte sie.

»So geht es nun einmal besser. Stell dir doch eine Läuferin in einem langen Chiton vor. Sie würde bei den ersten Schritten stolpern. Ich glaube, es würde dir auch gefallen.«

Sie verstand nicht, was er meinte.

»Laufen mit bloßen Füßen. Am Meer, wie die Spartanermädchen«, sagte er. »Du müßtest nur etwas üben. Sicher wärst du eine gute Läuferin. Du hast lange Beine und bist nicht dick.«

»Wenn es nicht zu heiß ist«, sagte Xanthippe und stellte sich vor, wie es wäre, frühmorgens am Strand zu laufen. Mit Lymettos, dachte sie. Und nicht ganz nackt. In einem hochgebundenen Chiton. Dann ja.

»Reiten auch«, sagte sie nach einer Weile und sah Chalkos an. Auf einmal spürte sie ein starkes Verlangen, wie ein Junge auf seinem Rücken zu sitzen und ihn mit den Fersen zum Laufen zu bringen.

»Möchtest du?« fragte er.

»Ja«, sagte sie. »Ich möchte schon. Aber ich kann nicht reiten.«

Was dann geschah, war sehr einfach. Sie gingen auf Chalkos zu, und Milon hielt ihn an der Mähne fest.

»Komm«, sagte er, »tritt auf meine Hände.«

Mit einem Fuß stieg sie auf seine zusammengefalteten Hände, schob ihr Kleid etwas hoch, weil die Länge tatsächlich störte, und mit einemmal saß sie auf Chalkos' breitem Rücken. Sie stieß ihm sanft die Fersen in die Seiten, wie sie es bei Philippos früher gesehen hatte, und Chalkos lief los. »Als ob du es gelernt hättest!« rief Milon hinter ihr her.

Einige Momente lang kam es ihr so vor, als sei es das gewesen, nur das, was sie seit Jahren immer schon gewollt hatte. Sie hielt sich an Chalkos' Mähne fest und genoß es, wie ein Krieger über die Wiese zu reiten. Von hier oben sah die Welt ganz anders aus, viel weiter und freier. Wie gut und stark mußten sich die jungen Epheben fühlen, wenn sie zu Pferd trainierten.

»Ich werde nie wieder absteigen!« rief sie übermütig.

»Du redest wie ein Spartanermädchen!« rief er zurück.

Chalkos trug Xanthippe so leicht, als sei sie ein Teil von ihm, und sie dachte, daß auf irgendeine geheimnisvolle Weise Chalkos ihr Pferd sei, das nur ihr gehörte und das ihr niemand nehmen könnte. Sie beugte sich nach vorn, strich die Mähne von seinem Ohr und flüsterte: »Ich werde nie wieder von dir absteigen. Nie mehr. Nie mehr.«

Sie fiel Sokrates um den Hals, als sie nach Hause kam, und erzählte ihm alles.

»Es war so schön, und ich war so froh wie seit langem nicht mehr«, sagte sie.

»Dann mußt du es öfter tun«, sagte er. »Milon wird bestimmt nichts dagegen haben. Aber erzähle es nicht weiter. Du weißt, daß sich das nur in Sparta schickt. Und wir sind hier in Athen.«

In dieser Nacht träumte sie, Milon sei zu ihr ge-kommen und hätte ihr zwei Äpfel mitgebracht. Sie waren groß, dunkelrot und frisch vom Baum ge-pflückt.

Das magische Eidolon

An einem Nachmittag, wenige Wochen vor der Hochzeit, hatte sie plötzlich den Mut, etwas zu tun, was sie schon länger vorgehabt hatte. Die Flötenspielerinnen waren bereits für die Hochzeitsfeier bestellt, auch der Koch war engagiert, denn es sollte ein ganzer Hammel geschlachtet werden. Obwohl ihre Trauer um Philippos noch groß war und sie ihn an diesem Tag besonders vermissen würde, freute sich Xanthippe doch in manchen Momenten auf den Tag und malte sich aus, wie es sein würde, danach, wenn sie mit Sokrates verheiratet war und in dem kleinen Haus hinter der Pappel wohnte.

Noch einmal, diesmal aber ohne Angst, wenn sie auch etwas Herzklopfen spürte, ging sie die Straße Zu den Roten Schiffen entlang bis zu dem Haus, an das sie keine guten Erinnerungen hatte und das sie doch magisch anzog.

Die Tür war diesmal verschlossen. Myrto öffnete auf ihr Klopfen. Bei ihrem Anblick wurde Xanthippe klar, daß sie insgeheim gehofft hatte, Myrto sei mittlerweile spurlos verschwunden, gestorben, fortgelaufen, was auch immer, jedenfalls aber weit weg von Sokrates und seinem Haus.

»Ich habe dich seit langem erwartet«, sagte Myrto.

»Nach dem Fest der Haloa haben wir zusammen Kuchen gegessen und Wasserwein getrunken, erinnerst du dich noch?«

Xanthippe schwieg und betrachtete Myrto mit einiger Erleichterung. Sie war nicht betrunken und machte einen weniger verkommenen Eindruck.

»Damals dachte ich, wir könnten Freundinnen werden«, fuhr Myrto in ihrer Redseligkeit, die Xanthippe kannte, fort. »Irgendwie habe ich immer gehofft, ich könnte dir eines Tages auf der Straße begegnen oder bei einem Fest. Du bist nicht aus Alopeke, sonst hätten wir uns treffen müssen. Ich konnte ja auch nicht nach dir fragen, denn du hast mir immer deinen Namen verschwiegen.«

In dem kleinen Raum, der offenbar nie hell wurde, standen Kübel herum, in denen dunkle Wolle eingeweicht war. Myrto schien sehr beschäftigt zu sein, brachte aber gleich ein Stück alten Kuchen und Gerstengetränk.

»Kennst du Sokrates inzwischen?« fragte sie mit einem lauernden Ausdruck in ihren Augen.

»Ich habe nur von ihm gehört«, stammelte Xanthippe wie bei ihrem ersten Besuch.

»Aha, dann magst du das Haus. Deswegen bist du wiedergekommen.«

»Es ist wegen der Pappel. Ich möchte unter ihr sitzen.«

»Du gefällst mir, du bist eine kleine Verrückte. So wie du, so war ich auch, als ich jung war. Meine Amme hatte mir verboten, das Frauengemach zu verlassen, aber ich hielt mich nicht daran. Ich war neugierig, ich wollte wissen, wie es draußen in der Welt zuging. Ich war zehn, als ich das erste Mal einfach fortlief. In Thrakien ist das noch verbotener für ein Mädchen als in Athen. Mein Vater verprügelte mich, als ich zurückgebracht wurde. Aber ich lief immer wieder fort.«

»Heute geht es dir besser«, sagte Xanthippe und war erstaunt über den freundlichen Ton in ihrer Stimme. Der Honigkuchen war hart, aber wohlschmeckend.

»O ja! Myrto ist heute glücklich. Sokrates war in letzter Zeit wieder so wie am Anfang. Es wird alles werden, wie es damals in den ersten Jahren mit ihm war. Er wird abends bei mir sitzen, den Arm um mich legen und aus einer Rolle die Sätze des Heraklit vorlesen. Und vielleicht wird er sogar wieder anfangen, Götterbilder aus dem Stein zu schlagen.«

»Das wird nie geschehen«, flüsterte Xanthippe.

Myrto summte ein Lied, während sie begann, tönerne Teller und Schalen im Waschzuber abzubürsten. Xanthippe nahm das Handtuch und trocknete ab.

»Ich habe ein frisches Leinentuch auf unser Bett gelegt«, sagte Myrto. »Willst du es sehen?«

»Schläft Sokrates mit dir?« hörte Xanthippe sich fragen. Es war eine unsinnige Frage, sie wußte das, und Myrto gab keine Antwort.

»Ich werde ein Bad nehmen«, sagte sie statt dessen, »und mir die Haare flechten, bevor Sokrates nach Hause kommt. Wirst du mir dabei helfen?«

»Ich möchte nicht lange bleiben. Ich muß bald wieder zurück sein.«

»Aber du trinkst doch noch einen Wasserwein mit mir? Aus einer Schale, wie es die Thrakier tun, wenn sie Freundschaft schließen, gleichzeitig mit überkreuzten Armen. Das kannst du mir nicht abschlagen.«

In Xanthippe stieg wilde Angst hoch. Was war, wenn Sokrates plötzlich hereinkam. Er war stets unnachgiebig gewesen, fast ärgerlich, wenn sie den Wunsch äußerte, sein Haus vor der Hochzeit zu besichtigen. Trotzdem blieb sie. Heute wollte sie alles von Myrto wissen, so schmerzhaft es auch sein würde. Ihr fiel ein, daß Lago, die Priesterin, gesagt hatte, was alles nötig sei und was man auf sich zu nehmen habe, um eingeweiht zu werden. Daß man erst durch den Hades gegangen sein müsse, durch Feuer und Wasser, ehe man die Wahrheit und das Licht der Göttin zu sehen bekäme.

Als sie die Arme überkreuzte, die Schale hielt und gleichzeitig mit Myrto vom Wasserwein trank, nachdem Myrto einen thrakischen Trinkspruch gesagt hatte, war ihr zum Weinen zumute, und sie wünschte sich, weit weg zu sein von diesem Ort. Sie hatte nicht die Kraft zur Wahrheit, die in Demeters Priesterin war.

»Ich habe Wolle gefärbt«, sagte Myrto, die Vertrauen gefaßt zu haben schien, nachdem sie beide vom Wasserwein getrunken hatten. »Komm mit und sag mir, wie dir die Farbe gefällt.«

Der praktische Vorschlag lenkte Xanthippe von ihrer Furcht ab, und sie gingen zusammen in den

Hof, wo Myrto die gefärbte Wolle über die Leine zum Trocknen hängte, ein dunkles Blaurot. Xanthippe wagte nicht zu fragen, was sie mit der Wolle vorhatte. Sie wußte es ohnehin: einen Mantel für Sokrates weben, den Mantel, den er bei ihrer Hochzeit tragen würde.

Sie setzten sich nebeneinander auf die Bank vor dem rissigen Stamm der Pappel und aßen zusammen Honigkuchen, als seien sie schon seit Jahren Freundinnen. Aber Xanthippe hatte kein gutes Gefühl dabei.

»Es wäre alles anders gekommen, wenn das Kind am Leben geblieben wäre«, sagte Myrto. »Dann wäre er wie andere Väter abends bei mir im Haus geblieben. Er hätte mit unsrem Sohn gespielt, er wäre stolz auf ihn gewesen.«

»Erzähl mir von dem Kind«, sagte Xanthippe und hielt für einen Augenblick den Atem an.

»Es kam vor der Zeit zur Welt, viele Wochen zu früh, und war zu klein und schwach, um zu leben. Es war bläulich-weiß, als die Hebamme es mir zeigte. Ein paar Stunden lebte es noch nach seiner Geburt. Es schrie nicht wie andere Neugeborene, auch nicht, als es einen Klaps bekam. Es trank nicht und bewegte sich kaum.«

Xanthippe fröstelte. Es war dämmrig geworden unter der Pappel, in deren lichter Laubkrone keine Sonnenstrahlen mehr tanzten.

»Ich war nicht traurig, nicht einmal das«, sagte Myrto fest, als habe sie eine Aufgabe zu Ende zu

bringen. »Ich habe nichts bei seinem Anblick emp-
funden, wie andere Mütter es tun. Keine Freude, als
es noch lebte, und keine Trauer, als es tot war.
Nichts, nur Angst und Ekel, weil es so fremd und
abgestorben aussah.«

Xanthippe war erleichtert, als Myrto ins Haus lief.
Nach einer Weile kam sie mit einem Krug Wein
zurück und mit einem länglichen Paket aus kariertem
Stoff, das sie auf ihren Schoß legte. Sie goß den Wein
unvermischt in ihre Schale und trank schnell und
gierig und vergaß dabei, Xanthippes Schale zu fül-
len.

»Mein Vater war ein thrakischer Fürst, und ich
war sein einziges Kind«, berichtete sie nun im Ton
einer Märchenerzählerin. »Er war sehr reich, reicher, als du es dir vorstellen kannst. Aber es war
immer Krieg, als ich Kind war. Wir zogen hin und
her. Manchmal lebten wir in Städten in festen Häusern, meistens aber im Zelt, und oft mußte ich frieren. Und das, obwohl ich wie alle thrakischen Kinder
eine warme Fuchsfellhaube übergezogen hatte. Ich
erinnere mich auch an eine Zeit, als unsere Krieger
sogar ihre Pferde schlachteten, mitten im Winter,
damit sie zu essen hatten. Das ist das Ende, hörte ich
meinen Vater sagen. Und das war es auch.«

Sie sagte nicht, was das für ein Ende war, und
Xanthippe wagte nicht danach zu fragen.

Myrto schüttete eine weitere Schale Wein in sich
hinein. »Du hast immer noch nicht gesagt, wie du
heißt und wo du herkommst.«

»Ich möchte es nicht sagen.«

»Du gefällst mir. Du hast keine Angst. Deine Stimme ist angenehm. Es ist eine menschliche Stimme, die zu Myrto spricht, mit der sonst niemand spricht. Vielleicht bist du ja auch zurückgekommen ins Haus des Sokrates, weil du mich wiedersehen wolltest. Es könnte doch sein.« Lauernd sah sie Xanthippe an, wie ein hungriger Hund. Ihre Stimme wurde schmeichlerisch, als sie sagte: »Ich vertraue dir, Kore, auch wenn ich nicht weiß, wer du bist. Du bist ein athenisches Mädchen, das steht fest, und du redest wie eine, die zu den Schönen-und-Guten gehört. Es macht nichts, daß du mir dein Geheimnis nicht verraten willst. Wir haben Freundschaft miteinander getrunken, wie es die Männer in meiner Heimat tun, wenn sie Waffenbrüderschaft schließen. Dazu muß man nicht den Namen des anderen wissen.«

Myrto nestelte an dem Paket herum, das in ihrem Schoß lag. Sie wirkte nun nervös, und ihre Augen waren verschwommen. Es ist der Wein, dachte Xanthippe, aber das war nicht der Grund. Myrto hatte ein Geheimnis preiszugeben, das sie selbst vor Sokrates bewahrte. Es lag seit langem versteckt in der Truhe neben ihrem Bett unter all den anderen Sachen, damit er es nicht finden konnte, wenn er etwas suchte. »Er würde es nicht verstehen«, sagte sie, »und ich würde es ihm niemals erklären, so wie dir, meiner Freundin, der ich vertraue.« Sie nannte das große, schreckliche Geheimnis Eidolon. Das Wort bedeutete Bildnis, Abbild, mit dem Xanthippe eigentlich gar nichts Furchtbares verband. Myrto hatte den Kopf gesenkt und starrte in ihren Schoß. Da begriff Xanthippe, daß das längliche Stoffbündel das Eidolon enthielt.

»Ich habe alles getan, wie es sein muß«, sagte Myrto, als käme sie aus einem tiefen Traum. »In einer Vollmondnacht bin ich zur großen Tongrube am Kerameikos gegangen und habe gerade so viel nassen Ton gestochen, wie ich brauchte, nicht mehr und nicht weniger. Dann habe ich ihn zu einer Zauberin gebracht, die vor den Stadttoren wohnt, und sie hat ihn erst verflucht, dann ein Mädchenbild daraus geformt und ihm Glasaugen eingesetzt. Und schwarzes Menschenhaar angefügt, so schön wie das von Xanthippe, wie Sokrates immer wieder erzählt.«

»Was hast du getan?« rief Xanthippe entsetzt.

Mit zitternden Fingern packte Myrto eine Tonpuppe aus. Sie war nackt, starrte aus mandelförmigen Glasaugen ins Leere und hatte dichtes, schwarzes Haar.

»Das ist Xanthippe«, flüsterte Myrto. »Ein Zaubereidolon von Xanthippe, die Sokrates bald heiraten will. Aber er wird sie nicht heiraten. Er wird bei mir bleiben und mich nicht nach Thrakien zurückschicken. Sieh die Bleinadeln im Körper des Eidolon. Sie werden Krankheit und Tod auf Xanthippe ziehen. Sie wird bald sterben, sie wird elend zugrunde gehen.«

Der tönerne Körper der Puppe war von neun spitzen Bleinadeln durchbohrt. Noch nie hatte Xanthippe etwas so Grauenhaftes gesehen. Sie will mich töten, hämmerte es in ihrem Kopf. Myrto, die Hexe! Also doch.

Xanthippe sprang auf und stieß dabei den Weinkrug so heftig um, daß er zerbrach.

»Das hättest du nicht tun sollen«, sagte Myrto ärgerlich. »Das ist ein böses Zeichen!«

Aber da war Xanthippe schon längst fort.

Die Thessalierin

Was konnte sie tun? Was in aller Welt konnte sie nur tun? Chalkos fraß gierig die Rüben auf, die Xanthippe vor ihm ins Gras gelegt hatte. Es mußte etwas geschehen. Sie könnte nachts zum Haus des Sokrates schleichen und das Eidolon stehlen, sie wußte ja, wo Myrto es aufbewahrte. Sie würde es aus der Truhe nehmen und die Bleinadeln aus dem Tonkörper entfernen. Xanthippe setzte sich auf die alte umgestürzte Säule. Sie fühlte sich elend und hilflos. Ihr fiel niemand ein, der sie vor Myrtos tödlichem Haß schützen konnte. Auch Sokrates nicht. Er würde sie auslachen, wenn sie ihm die Sache mit dem Zaubereidolon erzählte, da war sie sich sicher.

Aber sie selbst spürte, daß es ein starker Zauber war und daß er die Kraft hatte, sie zu zerstören, wenn sie nichts gegen ihn unternahm. Seit sie vor zwei Tagen bei Myrto gewesen war, fühlte sie sich krank. In der Nacht schreckte sie von Angstträumen auf und lag stundenlang wie vom Fieber geschüttelt wach auf dem feuchten Laken. Vielleicht war das schon der Anfang von Myrtos üblem Zauber.

Als Xanthippe Milon über die Weide auf sich zukommen sah, wußte sie, daß sie ihn in diesem Augenblick herbeigesehnt hatte. Er kam mit langen Schritten, kein Krieger mehr, ein Sportler, kein tragischer Held, eher ein Sieger, dachte sie, einer, der einzuschätzen wußte, wie schnell er war. Keiner, der immer wieder an sich zweifelte, wie Philippos. Ganz anders als Philippos. Milon roch nach Schweiß. Sein Haar klebte ihm am Kopf. Er lächelte sie auf eine Weise an, daß sie einen warmen Strom in ihrem Körper spürte.

»Wann mußt du Chalkos zum Poseidontempel bringen?« fragte sie.

»Am Abend vor dem Poseidonfest, in zehn Tagen. Wenn Vollmond ist.«

»Das ist der Abend vor meiner Hochzeit. Ich werde an dich denken, an dich und an Chalkos. Ich werde mir vorstellen, wie ihr über die Straße am Meer entlangreitet.« Plötzlich kamen ihr die Tränen.

»Ich werde auch an dich denken«, sagte Milon mit gepreßter Stimme. »Du wirst eine sehr schöne Braut sein.«

»Es ist schade, daß du Chalkos danach nie wieder reiten wirst.«

»Aber es ist eine große Ehre für ihn, für meinen Vater, auch für mich. Er ist ausgewählt worden. Und ich werde ihn selbst zum Poseidontempel nach Kap Sunion bringen. Es wird unser letzter gemeinsamer Ritt sein. Ich freue mich darauf. Nur, wir werden uns jetzt eine Zeitlang nicht mehr sehen. Auch auf deiner Hochzeit kann ich nicht dabei sein. Wirst du daran denken, was ich dir gesagt habe?«

»An das mit dem Laufen? An alles das von den Spartanermädchen? Ich will es versuchen. Aber wahrscheinlich werde ich es bald vergessen haben.«

Sie war nun einmal Athenerin, Sparta war weit

weg, und in Athen galten athenische Sitten. Athenische Mädchen ließen sich nicht die Knie von der Sonne braunbrennen. Geschlitzte Chitone! Halbnackt mit gleichaltrigen Jungen herumrennen und mit ihnen gemeinsam auf die Jagd gehen! Was Sokrates wohl dazu gesagt hätte. Reiten und laufen, miteinander ringen, obwohl man ein Mädchen war. Wie sich Spartanermädchen in ihrem Alter wohl fühlten?

»Erzähl mir doch, wann du heiraten wirst. Und was für ein Mädchen dein Vater für dich ausgesucht hat«, sagte sie.

»Das steht noch gar nicht fest. Einstweilen bin ich nicht verlobt. Aber wenn es eines Tages Zeit dafür ist, werde ich mit meinem Vater wieder nach Sparta reisen und mir dort ein Spartanermädchen aussuchen.«

Also wollte er wirklich so eine, die reiten und laufen konnte, eine mit kurzen Kleidern und sonnenverbrannten Knien, die vorwitzige Reden hielt, wenn Männer dabei waren.

»Dann wünsche ich dir auch viel Glück«, sagte sie schnippisch, obwohl es doch eigentlich keinen Grund für sie gab, gekränkt zu sein.

Milon streichelte Chalkos' weiches Pferdemaul, dort, wo auch Xanthippes Hand lag. Einen Augenblick lang berührten sich ihre Fingerspitzen.

»Am schönsten wäre es, wenn du das Spartanermädchen wärst«, sagte er leise. Sie verstand nicht gleich, was er meinte. Doch dann senkte sie den Blick. Ihr Herz schlug dumm und heftig. Sokrates, dachte sie, nur Sokrates ist wichtig für mich. Es bedeutet mir nichts, wenn einer wie Milon solche anzüglichen Worte sagt, die ihm nicht zustehen.

Als sie wieder aufblickte, erkannte sie plötzlich, daß Milon ein Mann geworden war, nicht mehr der unbedenkliche Jüngling, der freudig in den Krieg zog. Und sie hatte das verwirrende Gefühl, daß er ihr so besser gefiel als früher und daß es ein Glück war, daß er lebte und in diesem Augenblick bei ihr saß.

»Was ich dir schon lange sagen wollte«, begann Milon das Gespräch von neuem. »Du siehst anders aus, seitdem ich zurückgekommen bin. Wie eine Erwachsene.«

»Wie eine Frau?« fragte Xanthippe, erschrocken über die Gleichheit ihrer Gedanken.

»Ja, du bist nicht mehr das kleine Mädchen, das vor dem Hörneraltar in Delos tanzte.«

Sie sahen sich an, als hätten sie sich eben erst kennengelernt. Philippos würde jetzt auch anders aussehen, dachte sie, wenn er noch lebte.

»Ich denke auch nicht mehr so wie früher. Ich habe viel Neues gelernt und gesehen. Von Sokrates.« Und nach einer Weile fügte sie hinzu. »Nicht nur von ihm. Auch durch all das, was geschehen ist. Über den Krieg, über den Reichtum und die Armut denke ich inzwischen anders. Auch über das Unglück der Menschen. Sokrates hat gesagt, es gibt überhaupt kein Glück und kein Unglück, jedenfalls nicht für einen Philosophen.« Daß es ihr schwerfiel, Sokrates zu verstehen, wenn sie an Philippos dachte, an Kallinike und Leagros und an den sinnlosen Tod von Ariste, das sagte sie nicht.

»Ich bin auch froh, daß dieser Krieg vorüber ist. Als wir damals fortzogen, waren wir voller Hoffnung, alle, ohne Ausnahme. Jetzt hoffe ich nur, daß es so bald keinen Kampf mehr geben wird. Es ist keine Feigheit, glaube mir, es ist die Angst vor den Verlusten und all dem Grauen, das ich gesehen habe.« Sie verstand ihn sehr gut. Auch sie wollte nicht, daß er noch einmal kämpfen mußte und in Gefahr geriet, obwohl die Situation nicht danach aussah. Seltsam, daß sie früher, als alle den Krieg herbeijubelten, niemals an den Tod gedacht hatte.

»Auch Chalkos hat genug gekämpft«, sagte Milon. »Er ist nun das einzige Tempelpferd Poseidons in Sunion.«

Er hatte recht. Sämtliche Pferde Athens waren im Einsatz gegen die Reiterei der Spartaner draußen vor den Toren der Stadt.

Es stand nicht gut um Athen. Das Leben war armselig und glanzlos geworden. Die Preise für Brot und Gemüse stiegen ständig. Viele ausländische Händler, die sonst ihre Waren auf der Agora anboten, blieben aus. Die Scharen junger Männer, die vor dem Krieg allmorgendlich mit ihren Strigiles und Ölfläschchen um den Hals zur Palästra aufgebrochen waren, lebten nicht mehr. Viele junge Frauen waren Witwen. Keine betrunkenen fröhlichen Horden zogen wie früher nachts singend durch die Straßen. Es herrschte Stille, ungewohnte Stille, als sei Athen der

Flecken Alopeke, wo sich die Füchse seit eh und je gute Nacht sagten. Nur am Rand der Stadt war Tag und Nacht ein hektisches Treiben. Hohe Wehrmauern wurden in aller Hast aufgetürmt. Fast täglich ergingen Aufrufe, Schmuck, Metall und Geld für die Hopliten und die Ausrüstung neuer Truppen zu spenden. Und dann diese fremden Söldner, die man überall sah! Unangenehme Typen, waffenstarrende Thraker mit langen Haaren und zotteligen Bärten, wilde Barbaren mit Tätowierungen an den nackten muskulösen Oberarmen, vor denen man sich nur fürchten konnte, obwohl sie zum Schutz Athens da waren. Auf alle Fälle war es für Frauen und Mädchen besser, ihnen aus dem Weg zu gehen. Jeder von ihnen kostete die Stadt eine Drachme am Tag. Furchtbar, dachte Xanthippe, von solchen Barbaren verteidigt werden zu müssen, weil die eigenen Männer tot, verwundet oder Sklaven in Sizilien waren.

Voller Sehnsucht erinnerte sie sich an die fröhlichen Opferschmausereien am Dipylontor im Kerameikos. Statt der Ochsen schlachtete man jetzt höchstens ein paar alte Hammel, deren Fleisch zäh und tranig war. Auch die Prozessionszüge waren kürzer und glanzloser als in den früheren Zeiten. Es fehlten die jungen Ritter auf ihren prachtvollen, geschmückten Pferden. Es fehlten Ausgelassenheit und Freude. Und es fehlte Philippos. Es fehlte Kallinike. Zuviel hatte sich in zu kurzer Zeit geändert.

Wenn Xanthippe aufsah, erkannte sie die Akropolis mit ihren in der Sonne blitzenden Tempeln. Dort oben war alles gleich geblieben. Wer von weitem auf Athen zukam, konnte die Veränderungen nicht wahrnehmen. Doch in den Gassen, wo die Menschen lebten, lag ein Geruch von Not und Armut.

»Athen wird nie wieder die Stadt sein, die sie einmal war«, sagte Xanthippe wie schon so oft in letzter Zeit.

»Es wird Jahre dauern, doch dann wird sie wieder reich und bedeutend sein, vielleicht sogar wie damals«, sagte Milon. »Die Mauern werden fallen, die fremden Händler werden ihre Stände wieder aufschlagen, und die Kinder werden heranwachsen.«

»Sokrates und ich werden viele Kinder haben«, sagte sie nachdenklich.

»Und ich wünsche dir, daß sie nicht in sinnlosen Kriegen sterben müssen.«

Xanthippe wurde böse. »Es war kein sinnloser Krieg. Er hätte auch anders ausgehen können, wenn die Athener Alkibiades nicht abberufen und wenn Korinth und Sparta nicht gegen uns gekämpft hätten!«

»Ich dachte, du denkst jetzt anders über den Krieg.«

»Anders schon. Auch über die unglücklichen Helden und die Sieger. Die Syrakusaner haben die Beute bekommen und sind noch reicher geworden. Und die meisten von ihnen leben noch. Ich muß jetzt manchmal an Troja denken, zehn Jahre Krieg und Belagerung. Das muß eine schreckliche Zeit für die Trojaner gewesen sein.«

»Unvorstellbar«, sagte Milon. »Tote, Verwundete, Seuchen und Hungersnot.«

»Man sollte keine Gesänge darüber schreiben.«

»Doch, man soll davon singen, damit es nicht in Vergessenheit gerät. Aber die Sänger sollten nichts verschweigen, nicht nur den heldenhaften Widerstand rühmen, sondern auch von all dem Grauen erzählen, von den Fliegen auf den Toten.«

Sie waren dichter aneinandergerückt und sahen Chalkos zu, wie er auf der Wiese Gras rupfte.

Xanthippe hatte das Gefühl, daß es an ihr war, aufzustehen und zu gehen. So hätte es sich geschickt für ein Mädchen, das in wenigen Tagen heiraten würde. Aber ihr fehlte die Kraft. Sie dachte an Myrto, und sie hatte Angst.

»Hilf mir, Milon! Ich bin verhext worden.«

Er sah sie erstaunt an und so, als sei er entschlossen, sofort etwas gegen den schlimmsten Zauber zu unternehmen.

Sie klammerte sich an seinen Arm und ließ ihre Tränen ungehemmt über ihr Gesicht und den Hals laufen, bis sie im Stoff ihres Kleides trockneten. Erleichtert legte sie ihre Last bei ihm ab und erzählte ihm alles von Myrto und dem Eidolon.

»Das hört sich sehr schlimm an«, sagte Milon ernst, als sie fertig war. »Du mußt etwas unternehmen.«

»Aber was. Vielleicht könnte ich das Eidolon fortnehmen, wenn beide schlafen. Ich weiß, wo Myrto es versteckt hat, in der Truhe neben ihrem Bett.«

»Das dürfte schwierig sein.«

Er hatte recht. Selbst wenn die Haustür nicht verschlossen war, würde Myrto bei dem geringsten Geräusch aufwachen. Hexen haben einen leichten Schlaf.

»Und am Tag, wenn niemand zu Haus ist?« fragte sie zögernd.

»Darauf kannst du nicht warten, Xanthippe.«

Er überlegte.

»Es gibt eine Thessalierin am Dipylontor. Sie sitzt dort am Brunnen und liest den Leuten aus der Hand. Zu der solltest du sofort gehen und fragen, ob sie dir einen Gegenzauber machen kann. Ich bringe dich hin, es ist nicht weit von hier.«

»Bring mich bis zum Tor. Das genügt. Wie sieht sie aus?«

»Sie ist noch ganz jung, mit einem schönen Gesicht. Meistens hat sie ein rotes Kleid an.«

»Bist du auch schon einmal bei ihr gewesen?«

»Viele gehen zu ihr.«

»Du auch?«

»Wenn man über den Zauber spricht, wirkt er nicht mehr, das weißt du doch.«

Es war schon dämmrig, als Milon sie kurz vor dem Tor allein zurückließ. Xanthippe hatte plötzlich Angst, die Thessalierin könnte bereits nach Hause gegangen sein. Sie spürte auf einmal, daß keine Zeit zu verlieren war, daß es auf jede Stunde ankam, um Myrtos Zauber zu brechen.

Am Brunnen kauerte ein Bettler. Neben ihm saß auf einem Klappstuhl die Thessalierin. Sie war kaum älter als Xanthippe. Ihr Haar war reich geschmückt mit goldenen Amuletten, die ihr bis in die Stirn hingen.

Xanthippe war noch nie bei einer Zauberin oder Wahrsagerin gewesen. Anders als die meisten Mädchen ihres Alters hatte sie nie versucht, mit Zaubersprüchen irgendeinen jungen Mann, der ihr gefiel, für sich zu gewinnen. Zweifellos waren die Götter mächtiger als Zauberformeln auf bei Mitternacht und Vollmond vergrabenen Bleitäfelchen. Doch jetzt hatte sie Angst um ihr Leben, vor dem, was kommen würde. Zitternd vor Aufregung trat sie auf die Thessalierin zu.

»Ich wußte, daß du kommen würdest«, sagte die schöne Wahrsagerin. »Du willst, daß ich dir aus der Hand lese.«

»Nein, das ist es nicht«, flüsterte Xanthippe.

»Du hast einen Zwillingsbruder, der jeden Tag an dich denkt. Habe ich recht?«

»Er ist tot. Ich möchte jetzt nicht von ihm sprechen.«

»Aber ich sehe ihn, wie er ein Pferd führt. Er trägt einen schweren Schild und eine Lanze.«

Ja, so waren sie alle, die armen Frauen aus Thessalien, die sich auf Zauberei und Wahrsagerei verstanden, dachte Xanthippe ernüchtert. Sie redeten viel dummes Zeug, und nur manchmal trafen sie auf die Wahrheit, durch Zufall.

»Du kommst auch wegen der zwei Männer. Einer ist alt und häßlich, der andere ist jung und schön. Du liebst den jungen und möchtest seine Frau werden.«

Was soll ich hier, dachte Xanthippe verzweifelt und wandte sich zum Gehen. Sie weiß überhaupt nichts und redet nur Unsinn. Philippos ist tot, Milon hat es selbst gesehen, wie er zum Scheiterhaufen gebracht wurde. Und in wenigen Tagen werde ich Sokrates heiraten und Milon irgendwann eine Spartanerin.

»Bleib noch«, sagte die Thessalierin. »Ich sehe, daß du geweint hast. Eine alte Frau hat dich verhext. Sie hat ein Eidolon mit Bleinadeln durchstochen. Sag mir, wer die Frau ist.«

Xanthippe war so fassungslos, daß sie keine Antwort geben konnte.

»Du kennst die Frau«, fuhr die Thessalierin fort. »Sie ist so etwas wie eine Freundin für dich. Du hast mit ihr gesprochen und gelacht. Ihr habt zusammen Brot und Kuchen gegessen. Ihr habt aus einem Becher Wasserwein getrunken.«

»Woher weißt du das alles?«

»Ich weiß nichts, aber ich sehe die Frau vor mir. Sie ist betrunken und verstört. Sie hat Angst, daß der alte Mann sie fortschicken wird, in ein fremdes Land, wo sie früher gelebt hat. Sie möchte nicht dorthin zurück. Sie liebt den alten Mann.«

Xanthippe stand bewegungslos vor der fremden Thessalierin, die ihr die Situation so geschildert hatte, als wäre sie dabeigewesen. Sie fürchtete sich.

»Setz dich auf den Boden und gib mir die Hand. Ich werde dir sagen, was du wissen willst.«

Ihre Stimme war beruhigend, und Xanthippe kauerte sich auf den Boden, hielt aber ihre Hand zurück.

»Was wirst du mir geben? Fünf Drachmen? Das ist mein Preis.«

»Ich habe nichts. Ich bin ganz arm.«

»Etwas wirst du schon haben.«

»Zwei Obolen. Die kann ich dir nicht geben. Davon will ich morgen Brot und Fisch kaufen.«

»Zeig mir die zwei Obolen.«

Xanthippe nahm die beiden Kupfermünzen aus dem Mund, wo sie sie aufbewahrte.

»Für zwei Obolen habe ich noch nie einer Frau ihre Zukunft gezeigt«, sagte die Thessalierin unwirsch.

»Du kannst sie auch nicht bekommen, weil ich sie selbst brauche.«

»Hast du einen Ring oder einen Armreif?«

Mit flinken Blicken musterte die Wahrsagerin Xanthippe von oben bis unten.

»Gib mir deine Ohrringe. Sind sie aus richtigem Gold?«

Xanthippe zog die Ohrringe ab.

»Ja, das Gold ist echt. Willst du beide haben?«

»Natürlich beide. Du brauchst einen starken Zauber gegen die alte Frau. Ich werde ihn dir geben.«

Aus einem Sack zu ihren Füßen kramte sie einen Zweig hervor, ein abgerissenes Stückchen Stoff, eine getrocknete Sardine und krümeliges Brot. Mit einem

Messer schnitt sie ein kleines Stück von dem Zweig ab und hielt es vor Xanthippes Nase. Ein scharfer aromatischer Duft nach indischem Zimt oder Sandelholz ging davon aus.

»Wie Fisch und Brot sollt ihr zusammengehören, du und dein Liebster. Nichts, nur der Tod, wird euch trennen. Wie ist dein Name?«

»Xanthippe.«

»Götter der Unterwelt, Götter der Luft und des Wassers und alle Unsterblichen! Euch flehe ich an, macht, daß Xanthippe den jungen Mann heiratet, den sie liebt. Gebt sie zusammen wie Fisch und Brot! Brecht den Zauber der bösen alten Frau! Macht Xanthippe wieder frei und fröhlich!«

»Es ist nicht der junge Mann, den ich heiraten will«, stammelte Xanthippe. »Es ist Sokrates. Du mußt noch einmal zaubern.«

»Ich bin keine Närrin«, sagte die Wahrsagerin ärgerlich. »Hier, nimm das. Es ist der stärkste Zauber, den ich habe. Andere Frauen kostet er viel mehr als zwei Ohrringe. Aber ich weiß, du bist ein gutes Mädchen, du gefällst mir. Darum habe ich dir den Zauber gemacht.«

Xanthippe zitterten die Knie, aber jetzt war es die Schwäche vor Hunger. Sie hatte seit dem Morgen nichts mehr gegessen. Hastig nahm sie das Päckchen entgegen, das die Thessalierin ihr zusammengeschnürt hatte. Brot, Sardine und das Ästchen waren darin.

»Trag es immer bei dir, in der Nähe des Herzens.

Nur in die Nähe von Gräbern darfst du es nicht mitnehmen. Dort verliert es seine Kraft. Und sag niemandem ein Wort darüber. Erzähl nichts von dem Zauber.«

Xanthippe versenkte das kleine Bündel in ihrem Gewand. Das war es also. Es hatte sie die Ohrringe gekostet, die sie liebte, weil sie von Ariste waren. Aber sie glaubte fest an den Gegenzauber der schönen Wahrsagerin, auch wenn sie nicht sagen konnte, warum. Sie wußte, das seltsame Päckchen an ihrem Körper würde Myrtos Eidolon besiegen. Daß ihr die Thessalierin den falschen Mann zugedacht hatte, diesen Irrtum verzieh sie ihr in diesem Moment der Erleichterung gern. Sie mußte fast darüber lachen.

»Noch etwas!« rief die Thessalierin ihr hinterher, als sie bereits ein Stück weg war. »Es ist wichtig! Du mußt noch einmal zu der alten Frau hingehen, mit dem Zauber in deinem Kleid. Am besten am Tag vor deiner Hochzeit. Erst dann wird ihr Fluch hinfällig.«

Xanthippe lief in die Dunkelheit hinein, die inzwischen über der Stadt lag. Im Laufen spürte sie keinen Hunger mehr, nur Mut und Stärke für den nächsten Tag, an dem sie Myrto noch einmal entgegentreten würde.

Auf Chalkos' Rücken

Xanthippe trug das Päckchen mit der getrockneten Sardine, dem Brot und dem wohlriechenden Zweig unter ihrem Kleid auf der Haut, als sie am Nachmittag das Haus am Ende der Straße Zu den Roten Schiffen betrat. Sie hatte keine Angst mehr. Sie würde durch Feuer und Wasser und über glühende Kohlen gehen, um Myrtos bösen Zauber zu brechen. Deshalb war sie gekommen. Sie war entschlossen, am Leben zu bleiben, und mehr als nur das. Morgen war ihre Hochzeit. Du mußt es nur wollen, hatte Milon zu ihr gesagt, als er ihr von den Spartanermädchen erzählte. Du kannst laufen und reiten wie sie. Natürlich würde sie solche spartanischen Dinge niemals wirklich tun. Aber sie würde auch nie vergessen, wie stolz und frei sie auf Chalkos' Rücken über die Wiese geritten war.

Im Haus herrschte ein wirres Durcheinander. Wie verrückt lief Myrto hin und her, kramte in allen Ecken und warf wahllos Kleider und Krimskrams in ihre Truhe aus Pinienholz.

»Wenn das Kind am Leben geblieben wäre«, jammerte sie dabei, »hätte er mich nicht einfach verstoßen können. Morgen, bevor der Hochzeitszug vor dem Haus hält, muß ich längst unterwegs sein mit dem Fuhrmann, der mich nach Thrakien bringen soll.«

»Es ist besser, wenn du morgen nicht mehr da

bist«, sagte Xanthippe ruhig. »Für dich und für Xanthippe.«

»Ich verfluche sie!« schrie Myrto außer sich. »Bei allen Göttern und aller Gerechtigkeit, die es auf Erden gibt, sie wird sterben, jung sterben, wenn sie mit Sokrates hier einzieht.«

Diesmal fürchtete sich Xanthippe nicht vor Myrtos Fluch. Sie spürte Mitleid mit der alten Frau, die ihren Kummer wieder mit Wein zu betäuben suchte. Aber es war auch Scham dabei, wie Xanthippe verwirrt feststellte. Sie fühlte sich mitschuldig an Myrtos ganzem Elend.

»Du hast versprochen, mir deinen Namen zu nennen, Kore«, bettelte Myrto, als wollte sie die Nähe vom letzten Mal wiederherstellen, als sie gemeinsam unter der Pappel saßen und aus einem Becher Wasserwein tranken.

»Ich werde ihn dir sagen, zum Abschied.«

»Ach ja, der Abschied«, sagte Myrto, klappte die Truhe zu und ließ sich kraftlos darauf fallen.

»Du siehst heute anders aus als sonst, stolzer und noch schöner. Aber du trägst deine Ohrringe nicht.«

Xanthippe lächelte. »Es ist wahr, ich bin ein armes Mädchen, ich habe keine goldenen Armreifen und auch keine Ohrringe mehr.«

»Ich war reich«, sagte Myrto und richtete sich auf, als sei ein Kraftstrom in sie gefahren. »Mein Vater war ein thrakischer Fürst, der aus goldenen Schüsseln aß und den Wein unvermischt aus einem goldenen Trinkhorn schlürfte. Viertausend Drachmen gab er mir, als Sokrates mich nach Athen mitnahm. Sie waren in einem metallenen Kasten, in dem auch meine Perlen und Juwelen lagen.«

Sie lügt, dachte Xanthippe. Sie will sich an Sokrates rächen und vor mir prahlen.

»Den Kasten gibt es noch, aber wo sind meine Drachmen geblieben? Und wo ist mein Schmuck? Nichts habe ich mehr, nichts«, zeterte Myrto.

Es fiel Xanthippe in diesem Moment nicht schwer, die Frage zu stellen, die sie eigentlich nicht auszusprechen wagte.

»Und das Eidolon von Xanthippe? Was wirst du damit tun?«

»Es gibt nichts mehr zu tun. Es liegt auf dem tiefsten Grund des Meeres. Ich bin nachts mit einem Fischerboot hinausgerudert, soweit mich meine Kräfte brachten. Dann habe ich das Eidolon bei Mondschein versenkt und Poseidon um Gerechtigkeit für Myrto angerufen.«

Die alte Hexe, dachte Xanthippe beklommen und wandte sich zum Gehen.

»Küß mich, Kore«, sagte Myrto. »Und verrate mir zum Abschied deinen Namen.«

Xanthippe blieb stehen, brachte aber kein Wort über die Lippen.

»Ich habe dich geliebt, weil du mir zugehört und mit mir gesprochen und gesungen hast. Und weil du nie nach Sokrates gefragt hast. Du bist meinetwegen gekommen. Bei mir hat es dir gefallen. Sag, daß du mich auch liebst.«

»Aber ich liebe dich nicht! Es graust mir vor dir! Nicht einmal Sokrates hat dich geliebt«, sagte Xanthippe, erschrocken über ihre eigene Härte.

Das war der Augenblick, in dem die Tür aufklappte.

»Was tust du hier, Kore?« Sokrates legte seine Hände grob auf Xanthippes Schultern. »Du hattest mir versprochen, mein Haus nicht vor der Hochzeit zu betreten. Und ich habe dir vertraut.«

»Wer die Wahrheit wissen will, muß durch den Hades gehen und darf sich vor nichts fürchten. Erinnerst du dich an deine Worte?« sagte Xanthippe und löste sich von ihm. »Und ich bin nicht deine Kore. Ich bin Xanthippe, die Tochter des Lysimachos. Ich habe keine Angst. Nicht vor dir und nicht vor Myrto. Aber mich schaudert es vor diesem Haus.«

Myrto sprang auf und starrte Xanthippe fassungslos an. Dann jammerte sie los: »Ich habe es geahnt! Ich habe es immer gespürt! Aber bei den Göttern, Sokrates, es ist wahr, sie ist sehr schön und ganz anders, als junge Mädchen sind.«

Sokrates schob Myrto sanft beiseite und streckte Xanthippe seine Hand hin.

»Wir sollten jetzt nicht streiten. Morgen wird unsere Hochzeit sein.«

Sie legte ihre Hand in seine und spürte den festen, beruhigenden Druck.

»Ich will meine Perlen und die Juwelen zurückhaben!« schrie Myrto wild vor Eifersucht. »Ich will meine viertausend Drachmen mit zurücknehmen!

Du hast sie mir fortgenommen! Gib sie mir wieder, Sokrates!« Schluchzend fiel sie in sich zusammen.

»Ich habe sie vor zwanzig Jahren auf dem Sklavenmarkt in Piräus gekauft«, sagte Sokrates und sah Xanthippe dabei ruhig an.

»Hast du sie gekauft, weil sie so schön war?«

»Sie war nicht schön. Sie war klein und rundlich, damals schon. Sie tat mir leid in ihrem Elend. Das war alles.«

»Ich habe die Perlenketten verkauft, damit Sokrates zu essen hatte«, beharrte Myrto.

»Sie ist krank«, sagte Sokrates und berührte dabei mit dem Mund Xanthippes Ohr. »Ihre Seele ist krank vor Heimweh und unerfüllbaren Wünschen. Immer wieder kommen diese Anfälle, in denen sie alles zerstört, was hätte gut sein können in ihrem Leben.«

»Aber du hast dich in den zwanzig Jahren auch nicht bemüht, sie glücklich zu machen, Sokrates.«

Xanthippe brachte die Worte nur mühsam hervor. Myrtos Anblick tat ihr weh. »Ich weiß nicht mehr, was die Wahrheit ist und wer von euch beiden lügt.«

»Sokrates ist verrückt! Sokrates lügt! Er lügt immer, aber alle glauben ihm«, sagte Myrto mit letzter Kraft. »Nimm dich vor ihm in acht. Er ist berechnend, er weiß genau, was er tut und was er sagt. Er wird dich zugrunde richten, auch dich, Xanthippe, und wenn du noch so stark und stolz bist.«

Sokrates legte den Arm um Xanthippe und führte sie hinaus.

»Du hättest niemals hierher kommen dürfen. Vergiß es. Unser Tag ist morgen, Xanthippe. Soll ich dich nach Hause begleiten? Übrigens, der Satz, den ich damals zu dir sagte, war etwas anders: Wer glücklich sein will, muß vorher durch den Hades gegangen sein und darf sich vor nichts fürchten.«

»Das ist ein und dasselbe«, hörte Xanthippe sich sagen. »Ich habe es schon richtig verstanden. Ich gehe allein, Sokrates. Ich kenne den Weg, ich bin es gewöhnt, allein durch die Stadt zu gehen. Allein denkt es sich besser. Und heute abend will ich noch vieles denken.«

Als sie zu Hause war, bereitete sie sich das Badewasser vor. Sie schob die tönerne Wanne in die Küche und holte das flauschige grüne Badelaken. Sie nahm die kugelige Tonflasche vom Fenster, entfernte den Korkstöpsel und ließ wohlriechendes Badeöl auf den Boden des Gefäßes fließen. Traumwandlerisch tat sie alles so, wie es einst Philippos für sie getan hatte, bevor sie nach Delos fuhr. Aber Philippos war tot, und keine Macht der Welt und kein unsterblicher Gott konnten ihn ihr wiedergeben. Nur in mir, dachte sie, wird er weiterleben, ich bin ein Teil von ihm, für immer. Auch Apollon und Artemis, die Zwillingsgötter, werden mich schützen vor Krankheiten und bösem Zauber und allem Übel. Denn daraus besteht das Leben.

Sie tauchte ganz unter, wusch die Haare und fühlte sich rein und bereit für alles, was nun kommen würde. Ohne Haß wollte sie sein und ohne Zorn.

Und auch ohne Trauer um Philippos, denn es war jetzt die Zeit.

Sie erschrak, als es an der Tür klopfte. Sokrates? Es war mitten in der Nacht. Ein weißer Vollmond schien durch das Fenster. Sie hatte sich das durchsichtige krokusfarbene Kleid übergezogen, die Haare gekämmt und sich mit Öl eingerieben. Sie probte die Hochzeit. Leise, um Lysimachos nicht zu wecken, schlich sie zur Tür und schob den Riegel zur Seite. Draußen stand Milon, er hielt Chalkos am Zügel.

»Komm«, sagte er.

»Wohin?« fragte sie.

»Das kannst du dir denken«, sagte er.

Sie schwieg und überlegte, ob er *das* meinte. Aber wie hätte er *das* meinen können, er, ein athenischer Bürger, der die Gesetze achtete.

»Ich könnte dich entführen. Und dann müßtest du meine Frau werden.«

Sie erwog es, Milons Frau zu werden. Nicht die des Sokrates.

»Es geht nicht«, flüsterte sie. »Man kann so etwas nicht tun, es ist Verrat. Man kann es nicht am Vorabend der Hochzeit tun.«

»Nur dann noch«, sagte Milon.

»Im Leben kann man nicht einfach davonreiten und alles hinter sich lassen. Nein, Milon, küß mich nicht. Du bist verrückt. Es geht nicht. Es geht wirklich nicht. Ich habe ja das Kleid schon an. Es geht nicht.«

Sie sagte immer noch »Es geht nicht«, als sie bereits auf Chalkos' Rücken saß und Milons Oberkörper umfaßt hielt. Milon schnalzte mit der Zunge. Chalkos setzte sich in Trab, und der Mond schien groß und leuchtend.

Sie ritten allem davon, weit weg, am Meer entlang, viele, viele Meilen, bis sie den Tempel des Poseidon am Kap vor Augen hatten. Der Nachtwind zerrte an Xanthippes Kleid, löste ihren Haarknoten auf und jagte ihr Schauer über den Rücken. Auf dem Meer erkannte sie Segel von schnell dahingleitenden Schiffen.

War es mehr Milon, der ritt, oder mehr sie, oder war es Chalkos, der sie mit sich trug? Die Götter hatten es so gewollt. Sie spürte jetzt keinen Widerstand mehr und kein Erstaunen, nur ein großes Einverständnis in das, was war und was ihr geschah.

Fünfzehn Jahre später

Der Junge trug den leinenen Beutel mit dem Reisegepäck auf den Rücken geschnürt, und als er den mannshohen Felsvorsprung erklomm, sah es einen Moment so aus, als würde er gleich abstürzen. Seine Bewegungen waren ungeschickt. Er hatte zu lange Arme. Irgendwie glich er einem Amseljungen, das noch nicht flügge ist. Seine kurzgeschnittenen rötlichen Haare standen etwas ab wie die zarten Flaumfedern eines gerade ausgeschlüpften Vogels. Für die Jahreszeit war seine Haut zu blaß. Er saß nun oben auf dem Felsen und sah aufs Meer, das grau und unruhig vor ihm lag, während die Morgennebel sich ganz allmählich in der Sonne auflösten.

»Dort unten liegt unser Schiff. Kannst du es sehen?«

Die Frau, die er angesprochen hatte, reckte den Kopf zu ihm hoch. Sie war größer als er, und obwohl es nicht kühl war, hatte sie sich in den blauen Wollmantel eingehüllt. Nur ihre Hände kamen daraus hervor, schmalgliedrige, rauhe Hände, denen man Arbeit und Wäschewaschen ansah. Sie war jung. Man hätte sie leicht für die ältere Schwester ihres Sohnes Lamprokles halten können. Der Wind zerrte an ihrem gelockten dunkelbraunen Haar, das sie nicht bedeckt hatte. An der Hand hielt sie den fünfjährigen Sophroniskos. Der kleinste Sohn, Menexenos, saß zu ihren Füßen, auch er war rothaarig wie

seine Brüder. Er schob einen weißbemalten Pferde-
wagen aus Holz durch den Sand.

»Unser Schiff und weit dahinter die Insel Aigina!
Kannst du das auch sehen, Xanthippe?« fragte Lamprokles beharrlich. Er nannte sie meistens Xanthippe
und nicht Mama, wie Sophroniskos.

»Nur den Nebel. Was finge ich an ohne dich und
deine Augen«, sagte sie zärtlich.

Er war ihr Ältester, schon dreizehn. Er war ein
guter Sohn. Eine große Hilfe nach Sokrates' Tod und
ein Trost. Er hatte mit den kleinen Brüdern gespielt,
um sie ihr vom Hals zu halten bei ihrer Arbeit oder
wenn sie zum Markt ging, und er hatte die schweren
Wassergefäße vom Brunnen ins Haus geschleppt, das
nun leergeräumt und verlassen dastand in den sanften Hügeln von Alopeke. Oft hatte sie mit ihm im
letzten Jahr in ihrer Trauer unter der Pappel gesessen
und zu den Blättern in der durchsichtigen Laubkrone
gesprochen, wie Sokrates es getan hatte, als er noch
lebte. Lamprokles war Sokrates' Sohn. Schon jetzt
las er in jeder freien Minute in den alten Bücherrollen
des Vaters oder lag auf seinem Bett in der dunklen
Kammer und dachte nach. Eines Tages würde auch
er in den Säulenhallen herumgehen und den Philosophen zuhören. Sie ertappte sich bei dem Gedanken, daß ihr das gar nicht recht war, so wie es Sokrates' Mutter, der handfesten Hebamme, nicht recht
gewesen war, daß ihr Sohn vor lauter Studiererei das
Leben versäumte. Ja, er sieht blaß aus, stellte sie fest,
als sie ihn auf dem Felsvorsprung liebevoll betrach-

tete. Aber er wird Farbe bekommen auf der langen Schiffsreise nach Syrakus, von der Sonne und dem scharfen Wind.

»Ich bin hungrig«, nörgelte Sophroniskos, und Xanthippe kramte auf dem kieseligen Boden in dem Korb und holte ein Fladenbrot und einen Topf mit dicken schwarzen Oliven hervor. Lamprokles stieg von seinem Hochsitz herunter und hockte sich zwischen die beiden Kleinen auf die Erde. Er ist nicht sehr geschickt, dachte sie. Vielleicht war ich damals, mit dreizehn, mit vierzehn, genauso ungelenk. Aber er hat die Augen überall, nichts entgeht ihm.

»Mein Vater wollte nie aus Athen fort«, sagte Lamprokles, während sein Blick auf dem Schiff mit den weißen Segeln lag, das unten in Piräus auf sie wartete. »Ich glaube, er war niemals irgendwo anders.«

»Als er jung war, hat er an drei Feldzügen teilgenommen, und er war sehr tapfer.«

»Ein richtiger Held? Hatte er ein Pferd?«

»Die Helden mit den Pferden waren die anderen, Alkibiades, Milon, Leagros und wie sie alle hießen. Auch dein Onkel Philippos, zu dem wir jetzt reisen. Aber dein Vater hat einigen dieser strahlenden Helden das Leben gerettet, Xenophon und Alkibiades zum Beispiel. Das muß wahr sein, denn ich habe die Geschichten von vielen erzählen hören. Außer von ihm selbst. Er war kein Angeber.«

»Ich werde eines Tages nach Athen zurückkommen«, sagte Lamprokles und kaute bedächtig auf

einer Olive herum. »Ich werde auch allein zurückkommen, wenn du mit Sophroniskos und Menexenos für immer in Sizilien bleiben willst. Es ist mir
gleich, daß Athen arm ist und Syrakus eine reiche
und prächtige Stadt, wie du immer sagst. Ich gehöre
nach Athen, wie Sokrates, mein Vater.«

Sie widersprach ihm nicht, das tat sie nie. Sie
brachte ihn immer so weit, daß er tat, was ihr richtig
erschien. Nur wußte sie in diesem Moment nicht,
was später einmal richtig sein würde.

Sie lehnte sich mit dem Rücken an die Felswand,
die schon ein bißchen warm war von den ersten
Sonnenstrahlen, und streckte die Beine auf den runden Kieselsteinen aus. Sie hatte Lamprokles soviel
verschwiegen, eigentlich alles von dem, was vor seiner Geburt geschehen war. Sie hatte ihn allein gelassen mit den Gerüchten, die in Athen über die vielen
Jahre hin nicht verstummen wollten und in denen
sie, vor allem sie, aber auch Sokrates auf seine Weise,
kein gutes Bild abgaben. Lamprokles ist noch zu
jung, hatte sie immer gedacht, um das zu verstehen.
Und merkwürdig, sie hatte nie selbst das Bedürfnis
gehabt, sich zu rechtfertigen. Auch Sokrates hatte
das niemals von ihr verlangt. Und sie erinnerte sich,
daß er sie damals, ein paar Wochen vor der geplanten
Hochzeit, ermuntert hatte, sich auf der Weide mit
Milon zu treffen. Wenn es gut für dich ist, hatte er
ohne eine Spur von Eifersucht gesagt, dann mußt du
es tun. Dann träumt zusammen euren Spartaner-
traum. Nur heimlich, hatte er lächelnd hinzugefügt.

Am Stand der Sonne sah sie, daß noch etwas Zeit war bis zur Abfahrt des Schiffes. Die drei Truhen mit allem, was sich mitzunehmen lohnte, waren bereits verladen. Menexenos lag schlafend in ihrem Schoß, und Lamprokles zeigte Sophroniskos, wie man die Umrisse von Schiffen, Häusern und Bäumen aus kleinen Steinen baut. Xanthippe schloß die Augen. Keine Zukunftsbilder, wie sie eigentlich entstehen, wenn man zu einem neuen Leben aufbricht, sondern Erinnerungen an lange vergangene Zeiten, die sie für immer mitnehmen wollte über das Meer.

Fünfzehn Jahre war es her, als sie Sokrates in der Nacht vor der Hochzeit entkommen war. Sie spürte ihr Herz klopfen wie damals und wußte nicht mehr, ob es Angst gewesen war oder der schnelle Ritt mit Milon auf Chalkos' Rücken oder irgendein anderes schönes Gefühl. Auf dem Felsen am Meer unterhalb des Poseidontempels hatte sie die erste Nacht mit Milon verbracht. Und wenige Wochen später war in Sparta schon das Fest gewesen, die andere Hochzeit.

Sie wohnten bei Milons Verwandten in einem Haus am Eurotas, der zu dieser Zeit Hochwasser trug, weit weg von Athen und Sokrates. Sie hatten sich den Knaben gewünscht, der nach athenischer Sitte mit dem Zweig herumlief: Das Böse hab ich überwunden, das Bessere nun gefunden. Sie aßen Mohnkuchen und gingen über Blütenteppiche. Am Spieß über dem Feuer bruzelte ein fetter Ochse. Alle Männer waren betrunken. Niemand erwähnte den Namen Sokrates. Milon war jetzt ihr Mann.

Lächelnd erinnerte sich Xanthippe an den Augenblick, als sie zum ersten Mal einen kurzen Chiton übergezogen hatte wie die Spartanerfrauen. Es war ein befreiendes Gefühl, darin am Ufer entlangzureiten oder barfuß mit Milon im Schutz der schattigen Platanen um die Wette zu laufen wie zwei Epheben. Sie ging allein auf den Marktplatz in Sparta, obwohl es genug Dienerinnen zur Begleitung gab, denn die Verwandten waren reich, und konnte einkaufen, was ihr gefiel, obwohl das Angebot um vieles dürftiger war als das in Athen. Sie redete mit den Männern, die sie von Milon her kannte, und hatte sich ein lautes Lachen angewöhnt.

Es war eine unbeschwerte Zeit, dachte sie und streichelte das Köpfchen von Menexenos, der immer noch in ihrem Schoß schlief. Aber es war lange genug, ein paar Wochen waren lange genug in Sparta, wo es glutheiß war und es meistens nur Ferkelfleisch am Spieß gab. Sparta ist schön für eine Reise, für einen Ausflug, aber nicht für immer, hatte Milon gesagt, als er ihr zum ersten Mal auf der Wiese von den Spartanermädchen erzählte, während Chalkos friedlich graste. So war es. Alles hatte seine Zeit, so wie auch die Zeit der Empörung über ihre Flucht und Untreue in Athen ihre Grenzen hatte und die von Sokrates' Schmach.

Das Haus beim Dipylontor vor der Stadt hatte ihnen Milons Vater geschenkt aus Freude über ihre Heimkehr. Es war ein großes Haus, in dem es Sklaven gab, die ihnen der Schwiegervater geschickt hatte. Im Stall standen Maultiere und zwei Pferde, auf denen sie manchmal mit Milon am Meer entlangritt wie in Sparta, den athenischen Chiton hochgeschlagen bis zu den Knien. Und es war ein prächtiges Haus mit verzierten Ziegeln auf der Brüstung der Dachterrasse und Wasserspeiern mit steinernen Löwenköpfen als Öffnungen. An den Wänden der Wohnräume hingen silberne Gefäße, und auf korinthischen Tischen standen mächtige Mischkrüge für den Wein. So mochte einst das Haus des Aristides in Alopeke ausgesehen haben in der Zeit nach den Perserkriegen, als die Farbe auf den Kalksteingreifen noch frisch war. Das war aber auch alles, was sich verändert hatte. Wie früher kam an schönen Nachmittagen Sokrates, als wäre nichts geschehen, und saß mit ihnen im Innenhof. Er trank mit Milon Wasserwein, spuckte Olivenkerne auf den Boden und schickte seinen inneren Blick zu den roten und weißen Oleanderblüten, weil es kein wildes Apfelbäumchen gab.

Manchmal, wenn sich Sokrates und Milon im Wohnraum auf der Liege ausstreckten und Sokrates' Hand auf Milons nackter Schulter ruhte, spürte sie Eifersucht wie damals, als sie die gleiche Szene mit Philippos angesehen hatte. Aber Eifersucht auf wen? Auf Milon? Auf Sokrates? Heute, nachdem alles hinter ihr lag, wußte sie: auf beide. Sie hatte beide geliebt zur selben Zeit.

Und dann kam der Tag, an dem Milon mit seinem Vater nach Sparta reiste, um sich in die Geschäfte des Gesandten einweisen zu lassen. Er sollte bald die Nachfolge übernehmen, wie es in Athen bei solchen Posten üblich war. Im nachhinein hatte sie diesen Tag oft verflucht. Er hätte zu Hause bleiben müssen. Aber wer kennt schon die Zukunft außer den Göttern.

Sokrates kam auch während Milons Abwesenheit zum Haus am Dipylontor, falls es ihm gerade gefiel. Vielleicht sogar etwas häufiger. Wenn er sich auf das Speisebett legte, hockte sie sich ganz selbstverständlich neben ihn, nachdem sie das flache Tischchen mit den Fleischspießen und dem Weinkrug abgestellt hatte. Du bist eine stolze Spartanerin geworden, Milons Spartanerin, sagte er dann mit jenem verwirrenden Lächeln, das Menschenfängern eigen ist.

Während hinter ihren geschlossenen Augenlidern rote Sonnenpunkte tanzten, dachte sie dem seltsamen Gedanken nach, den Sokrates mehrfach, wenn sie allein waren, geäußert hatte, leichthin, anscheinend im Spaß, wie er immer so redete. Wenn wir Philosophen unser Grau in Grau malen, so ungefähr waren seine Worte gewesen, dann ist eine Gestalt des Lebens schon alt geworden, und mit Grau in Grau läßt sie sich nicht verjüngen, sondern nur erkennen. Die Eulen der Athene, das wissen wir ja alle, Xanthippe, beginnen erst mit der einbrechenden Dämmerung ihren Flug.

Seine schwierigen Sätze hatte er zwar zu den anderen gesagt, die klüger waren als sie, zu Platon, Antistenes, Kriton und wie sie alle hießen, aber dieser

Gedanke war nur für sie allein bestimmt, das spürte sie. Und für Lamprokles, wenn er damals schon von diesem Sohn gewußt hätte. Es würde nicht einfach sein, ihm den Gedanken seines Vaters zu erklären, den sie selbst nie richtig ergründen konnte. Und Sokrates war tot, nicht mehr befragbar. Nur noch halbe Sätze von ihm, der keine Schriften zurückgelassen hatte. Bruchstücke von Sätzen.

Er ist jetzt sehr weit weg, dachte sie in einem Anflug ungestümer Liebe, weiter als Syrakus, hinter allen Meeren, hinter dem Wind, an einem Ort, an dem es still ist, am fernsten aller Orte. Er sieht uns, er denkt an uns. Aber vielleicht sieht er uns doch nicht und denkt auch nicht an uns, so wie er in Athen, als er noch lebte, nicht an uns gedacht hat, wenn er auf dem Markt in den Säulenhallen sprach. Doch er muß ja nicht an uns denken, wenn es ihn nur gibt, irgendwo, jenseits des Grabhügels im Kerameikos.

Menexenos brabbelte in ihrem Schoß, wie kleine Kinder es tun, wenn sie im Schlaf träumen. Lamprokles schob immer noch die braunen Kieselsteine hin und her und baute daraus für Sophroniskos einen Bilderbogen. Es macht ihm Spaß, stellte sie fest, und er ist bald vierzehn. Das Alter für die Hasen. Ein erotischer, fröhlicher Brauch in Athen, den Lamprokles in Syrakus nun nicht mehr erfahren würde. Wenn die älteren Männer sich einen Knaben ausgesucht hatten, dann schenkten sie ihm zum Zeichen, daß er ihnen gefiel, einen Hasen, ein lebendes Spielzeug. Es gab einen regelrechten Wettkampf zwischen den Knaben, und nicht der stärkste, sondern der schönste siegte. Wie viele Hasen hoppeln in deinem Hof? In meinem sind es mehr. Sie hatte sich immer einen Hasen von Sokrates gewünscht, schon damals, als sie noch eifersüchtig auf Philippos war, obwohl sie natürlich wußte, daß ein Liebhaber keinem Mädchen einen Hasen schenkte, niemals.

Und dann bekam sie ihn doch eines Tages. Xanthippe, die verheiratete Frau. Milon war noch in Sparta, und Sokrates stand in der Tür und hielt einen schwarzweiß gefleckten Hasen an den Ohren, ein dickes, zappelndes Knäuel. Sie setzten sich in der Küche neben das Kohlebecken, während der taubstumme Thraker mit Schüsseln und Töpfen hantierte, um die Hühnchen in Honigsoße vorzubereiten. Draußen heulte der Sturm, Vorbote des Winters. Sie kraulte den Hasen in ihrem Schoß und verschüttete ein wenig von dem Wein, als sie Sokrates den Becher füllte. Ein Liebesgeschenk? fragte sie. Ein Geschenk, wie es die Liebhaber ihren Knaben machen? – Na, na, Xanthippe, sagte er, mir scheint, du möchtest mit mir ein Gespräch über den Eros beginnen. – O ja, noch einmal das alte Spiel!

Aber das dachte sie nur, sie hatte keine Zeit mehr, diesen Satz mit seiner heimlichen Botschaft auszusprechen. Milon taumelte herein. Er glühte vom Fieber und sein Gesicht und die nackten Arme waren von Ausschlag bedeckt. Es ist die Pest, sagte der Arzt, die vor Jahrzehnten in Athen wütete und die er nun von Sparta mitgebracht hat. Milon lebte nur noch wenige Tage. Abgezehrt und mit fieberglänzenden Augen war er auf eine seltsame Weise besonders schön geworden. Er sah jetzt wieder aus wie an dem Tag, als er aus Sizilien zurückkam, ein geschlagener Held. An der Pest sterben die stärksten Männer, sagte der Arzt, als wolle er sich dafür entschuldigen, daß er Milon nicht hatte retten können.

Alle, die ich liebe, sterben schrecklich. Sie prüfte den Stand der Sonne, um sicher zu sein, noch einen Augenblick Zeit zu haben, den Gedanken, der sie so quälte, zu Ende zu denken. Ihr fiel ein Satz von Sokrates ein, der immer alle Menschen dazu gebracht hatte, ihre Gedanken hervorzuholen, sie zu ordnen und zu einem Ende zu bringen. Man muß erst durch den Hades gegangen sein, hatte er oft gesagt, um glücklich zu sein. Sie wußte nicht, wie der Hades war, der nach dem Leben kam, wenn der Sterbliche, die Münze auf der Zunge, mit dem Fährmann in dem uralten Nachen über den furchtbaren Fluß übersetzen mußte, um ins Schattenreich zu gelangen, in dem ihn bleiche, blutleere Gestalten erwarteten. Aber sie wußte, daß ihr Hades, von dem Sokrates nach Milons Tod im Gleichnis zu ihr gesprochen hatte, ein dunkler, leerer Tunnel war, in dem sie einsam und voller Angst festsaß. Bis Sokrates sie herausholte.

Es war noch tiefer Winter in jenem Jahr 412, als der Fuhrmann auf einem Ochsenkarren ihre Teppiche, die tönerne Badewanne, den Webstuhl und Aristes Pinienholztruhe von Milons Haus am Dipylontor zu dem kleinen Haus hinter der großen Pappel in

Alopeke brachte. Es machte ihr nichts aus, all die schönen, kostbaren Sachen, die ihnen Milons Vater zur Hochzeit geschenkt hatte, auch die Sklaven, Maultiere und die beiden Pferde, zurückzulassen. Es gab keinen Platz und keine Verwendung dafür in Sokrates' Haus, das jetzt auch ihr Haus war. Für immer, hatte sie geglaubt. Aber es waren nur dreizehn Jahre gewesen, dreizehn gute Jahre nach dem Gang durch den Hades. Jetzt lagerten ihre Habseligkeiten im Bauch des Schiffes unten am Hafen. Nur die tönerne Badewanne stand noch neben der Regentonne im Hof.

Ach ja, die Badewanne. Sie mußte in der Erinnerung lachen. Es gefiel Sokrates, in ein warmes Bad zu steigen, das sie ihm unter der Pappel bereitet hatte. Sie setzte sich zu ihm auf den Wannenrand, ließ die Beine ins Wasser hängen und betrachtete seinen nackten Körper. Er hatte einen Bauch bekommen, seit sie verheiratet waren. Und was sagen die Epheben dazu? neckte sie ihn und klatschte mit der Hand auf die runde Kugel, die wie ein Berg aus dem Wasser ragte. – Früher warst du mager wie ein Windhund, Sokrates, sagen sie, neuerdings wirst du feist. Du kannst dir denken, jammerte er ihr vor, daß ich keine Schönen-und-Guten mehr betören kann mit so einem Bauch.

Merkwürdig, daß ihr in diesem Moment, da sie bei dem Leben mit Sokrates angekommen war, diese belanglosen, kleinen Szenen einfielen. Sokrates war bei der Geburt ihres ersten Sohnes Lamprokles ein knappes Jahr nach ihrer Hochzeit dabeigewesen, ganz gegen die guten Sitten. Sie hörte sich noch deutlich scherzen: Du wärst ein guter Geburtshelfer, wenn es diesen Beruf gäbe. – Ich bin der beste Geburtshelfer für Gedanken in Athen, so wie meine Mutter Phainarete die beste Hebamme war, die je in Alopeke Kinder zur Welt brachte, sagte er ernsthaft und nahm das Baby auf den Arm. Er drückte sein Satyrgesicht schnuppernd auf das kleine Köpfchen, als wäre er ein ganz normaler Vater.

Und ein anderer Augenblick war plötzlich da, lächerlich und bedeutungslos. Sokrates saß am Herd und schälte die Äpfel bedachtsam aus, während sie Lamprokles auf dem Tisch wickelte. Er nahm immer ganz wenig Käse zum Brot. Es war ihm wichtig, daß der Käse gerade abgeschnitten war. Wenn sie den Käse auf ihre unregelmäßige Weise abhackte, schnitt er schweigend noch einmal nach.

Die großen Sachen, die kleinen. Die kleinen waren die großen. Die großen hatten nicht viel bedeutet. Das war richtig, solange ein Leben gut war. Aber Sokrates hatte nicht einmal der Tod etwas bedeutet, nicht einmal um seiner drei Söhne willen hatte er gekämpft, mit denen sie nun in ein fremdes Land fuhr.

Auch für Lysimachos und Milons Vater galt das nicht, zwei alte, gebrochene Männer, denen die kleinen Dinge keine Kraft mehr zum Leben gaben. Mit Wehmut dachte sie an Lysimachos, den sie allein zurückgelassen hatte. Er ging kaum noch aus dem

Haus. Seine Orakelsprüche am Apollontempel waren von den Athenern nicht mehr gefragt. Und neugierige Fremde wurden vor den Mauern der Stadt aufgehalten. Ich hole dich nach, Lysimachos, hatte sie zum Abschied gesagt und ihm die Gutenachtgeschichte erzählt von den schönen, dicken Sklavinnen und den blonden Knaben in Syrakus. Sie hatte ihn in seinem Rausch nicht mehr erreicht.

Der Hornbläser im Hafen holte sie aus ihren Gedanken zurück. Die Sonne strahlte jetzt mitten am Himmel. Es war Zeit. Sie stand auf, setzte Menexenos auf ihre Hüfte, der sich im Halbschlaf an sie klammerte, und nahm den Korb. Lamprokles zog Sophroniskos hinter sich her, der seinen Steinchenbildern nachjammerte und das weiße Holzwägelchen festhielt. Simon, der Kapitän der Poseidonia, half ihnen auf das Schiff. Im Unterdeck, in einem kleinen holzgetäfelten Raum, produzierte sich Nikokles, der sich als Kaufmann aus Samos vorstellte, ein Waffenhändler genauer gesagt, als aufmerksamer Gastgeber. Er ging mit einer silbernen Platte herum, auf der Oliven und Schafskäse lagen.

»Ein kleines Symposion zum Abschied«, sagte er und lächelte Xanthippe an.

Alle saßen auf Kissen am Boden wie die Barbaren, Simon, Xanthippe, Lamprokles und Nikaia, die Tochter von Nikokles. Sie war ungefähr so alt wie Lamprokles, ein schönes Mädchen. Sie trug ein leichtes Gewand aus hellem Leinen, das nur bis an die Knie reichte, und goldene Sandalen. Ihre Augen waren grün wie das Meer und die Haare unbedeckt, aufgeregte dunkle Locken, die sich nicht bändigen ließen. Xanthippe folgte Lamprokles' Blick, der die Knie des Mädchens anstarrte, die nackt und braun waren wie die eines Knaben, der zum Sportplatz ging.

»In ein paar Tagen werden wir in Syrakus sein«, sagte Nikokles und setzte sich neben Xanthippe.

Er hat etwas vor, dachte sie, und so war es auch. Er fragte sie aus nach Sokrates, der in dem Jahr nach seinem Tod noch berühmter und noch rätselhafter geworden war.

»Er kannte alle Apfelsorten«, sagte sie nur, so als sei sie es den Zuhörern schuldig, ihnen wenigstens dies anzuvertrauen.

Die starke Strömung, gegen die das Schiff tagelang ankämpfen mußte, verursachte heftige Schwankungen. Xanthippe kroch in den kleinen Verschlag, schob die Haare zurück und erbrach sich in den Kübel, der für diese Zwecke bereitstand. Dann legte sie sich auf ihren wollenen Teppich, kuschelte sich neben die beiden Kleinen und schlief ein.

Mitten in der Nacht wachte sie auf. Das Schiff fuhr nun ruhig mit der Strömung, die sie bis nach Sizilien bringen sollte. Sie hüllte sich in ihren Mantel und stieg die schmale Treppe hoch auf das Oberdeck. Der Himmel war sternenklar und der Wind eher warm. Sie ging zu dem kleinen Ausguck am Heck, zog den Meergeruch tief ein und kauerte sich zwischen die Planken des Schiffes, die sie gegen den Fahrtwind schützten. In der hellen Nacht erkannte sie Lamprokles und Nikaia, die in einer Ecke eng umschlungen auf Taubündeln saßen.

Es ist also soweit, dachte sie, es ist an der Zeit. Jetzt wird er meine Geschichte verstehen, die von Sokrates und Milon und wieder Sokrates. Er hatte sie oft danach gefragt, als er älter wurde, weil er nur die Gerüchte kannte, die in Athen über die Jahre hin nicht zum Schweigen gekommen waren. Böse Gerüchte leben länger, so sind die Menschen nun einmal.

Sie hatte ihm viel zu erklären, ihrem ältesten Sohn. Eine lange Reise lag vor ihnen, Tage und Nächte auf dem Meer, dem Niemandsland zwischen Athen und Syrakus. Sie war ihm Antworten schuldig, bevor ein neues Leben anfing.

Sie spürte die Wärme ihrer Hände im Schoß. Sokrates hatte immer kalte Hände gehabt, auch im Sommer, wenn er sich abends zu ihr ins Bett legte. Dann nahm sie seine Hände in ihre, wie in eine warme Höhle. Sie hatte sie besonders geliebt, diese roten, kalten Steinmetzhände.

Aber das war es nicht, was Lamprokles von ihr erwartete, nicht die kleinen Sachen, die Sokrates und ihr wichtig gewesen waren. Er wollte Erklärungen für das, was sie ihm so lange verschwiegen hatte, und vor allem für das Unfaßbare, das später geschehen war und das sie selbst erst jetzt durch den Schleier der Erinnerung zu begreifen begann. Was meinten sie damit, hatte Lamprokles sie immer wieder gefragt, daß Sokrates die Jugend verdirbt und neue Gottheiten einführt, ich verstehe das nicht.

Die gleiche Frage hatte sie Sokrates auch gestellt, als der Prozeß schon lief, und dabei die Chitone zusammengelegt, die sie von der Wäscheleine genommen hatte. Er mochte die Beiläufigkeit solcher Fragen. Was soll diese Anklage von Meletos, diesem Möchtegerndichter, hatte sie gefragt, und von Anytos, der nichts als ein Lederhändler ist! – Vielleicht meinen sie mein Daimonion, wer weiß. – Ach, sein Daimonion. Es hatte ihm gesagt, daß er sich nicht verteidigen solle.

Das gleichmäßige Aufklatschen der Ruder und das Hämmern des Taktangebers führten sie in aller Ruhe zurück zu jenen Ereignissen, die sie nun klar vor sich sah und die sie Lamprokles ohne Erregung würde erklären können.

Mit verhülltem Gesicht saß sie auf der hintersten Holzbank dicht an dicht mit den Gaffern, den Sensationsgeilen, mitten im Schweiß- und Zwiebelgeruch der Demokraten, als die Verhandlung begann. Sokrates hatte ihr verboten, am Prozeß teilzunehmen. Und dabei wäre es ein starkes Argument für seine Verteidigung gewesen, wenn sie mit Menexenos, dem Baby, im Tragetuch und dem kleinen Sophroniskos an der Hand vorgetreten wäre und geschrien und sich die Kleider vom Leib gerissen hätte vor Schmerz. Solche Szenen rührten die Athener, eine weinende Frau und zwei kleine Kinder, die den Vater brauchten. Sie hatte es nicht getan. Ich habe immer getan, was Sokrates mir gesagt hat, meistens jedenfalls, rechtfertigte sie sich im nachhinein, weil sie ihn doch hätte retten können.

Aber dieses eine Mal war es ihm wichtig gewesen, das merkte sie, als sie heimlich den Prozeß verfolgte. Er wollte keine Verteidigung, ergriff nie das Wort gegen die Ankläger. Keine Verteidigung, wo keine Schuld war. Heute verstand sie ihn. Sein Schweigen, die kurzen, spöttischen Sätze, mit denen er die Richter gegen sich aufbrachte. Die Reden seiner Freunde für ihn. Und ganz zum Schluß, als schon nichts mehr zu retten war, das Schlimmste. Unter den Pfiffen der Demokraten ging der wortgewaltige Aristokles, der so alt war wie sie und von seinen Freunden Platon genannt wurde, auf die Tribüne. »Bürger von Athen«, begann er seine Verteidigungsrede, die er sorgfältig auswendig gelernt hatte, wie es seine Art war. Dann versagte ihm die Stimme, und er brach in Tränen aus. Im Saal war es still geworden.

281 gegen 220, so hatten die Athener für den Tod entschieden. Zweihunderteinundachtzig. Sie war sich nicht sicher, ob sie Lamprokles auch das sagen würde. Ich komme zurück nach Athen! Sie hatte seine trotzigen Worte noch im Ohr, in denen soviel Stolz lag auf diese verdammte Stadt. Statt dessen würde sie vielleicht sagen, das Gesicht deines Vaters sah immer gleich aus über die vielen Jahre. Er hatte einen Bauch bekommen, aber sein Gesicht war immer gleich freundlich, morgens, wenn er aus dem Haus ging, und abends, wenn er heimkam. Sogar im

Gefängnis, in dem er 30 Tage auf den Tod warten mußte, sprach er mit seinen Freunden, die in großer Zahl erschienen, in heiterer Stimmung, als wäre es ganz selbstverständlich, daß er sie nun hier in der Zelle und nicht in der Palästra empfing. Er hatte überhaupt keine Angst vor dem Tod.

Aber du hättest sicher Angst gehabt vor seinem Tod, würde sie Lamprokles erklären, darum habe ich dich nicht mitgenommen an seinem letzten Tag. Ich hatte mein milesisches Festkleid angezogen mit den Greifen am Saum. Ich fror darin in den kalten Gefängnismauern, und Menexenos, der sich an meine Brust kuschelte, hatte es besabbert. Sophroniskos' kleine Hand war naß und heiß. Ich saß auf Sokrates' Bett und streichelte seine Beine, die von den bronzenen Ketten, die man ihm nun abgenommen hatte, wundgescheuert waren. Er war gebadet und geölt, trug die neuen Sandalen und den Mantel, den ich ihm in diesem Jahr gewebt hatte. Als habe er sich feingemacht für ein großes Fest.

Kurz bevor die Wasseruhr ablief, kamen seine Freunde herein, Kriton, Simmias, Kebes, Apollophanes und ein paar, die ich nicht kannte. Nur Platon, dieser feige Hund, war nicht dabei. Er sei krank, hieß es. Dann fragte Kriton deinen Vater, wie er begraben sein wolle.

An dieser Stelle ihrer Erinnerung weinte sie. Sie fühlte sich zu allein in der Nacht auf dem Schiff zwischen den Planken. Lamprokles und Nikaia waren verschwunden. Sie hatte es nicht bemerkt.

Tut eben all das, was in diesen Fällen üblich ist mit meiner Leiche, nichts Überflüssiges, hörte sie ihn sagen, und er lächelte tatsächlich dabei. Und im übrigen, ihr tut es nicht mit Sokrates. Der ist ganz woanders, das habe ich ja oft genug erklärt.

Sie war aufgesprungen. Laßt nicht zu, daß Sokrates stirbt! schrie sie. Rettet ihn! Und als der Mann, der ihm das Gift reichen sollte, hereinkam und den Schierling in den Becher zu reiben begann, stürzte sie sich auf ihn und würgte ihn.

Bring sie gut nach Hause, mein Kriton, sagte Sokrates.

Das alles lag nun hinter ihr. Vor ihr in einer Ferne, die nicht vorstellbar war, hinter dem Horizont, lag Sizilien, lag Syrakus, wo Philippos auf sie wartete.

Der Zauberspruch der schönen Thessalierin. Sie hatte in allem die Wahrheit gesagt. Fünfzehn Jahre hatte sie um Philippos geweint, der zu ihren Toten gehörte – Ariste, Kallinike, Milon und dann Sokrates. Als die Nachricht kam, daß er lebte, obwohl Milon ihn auf dem Scheiterhaufen bei den Toten gesehen hatte, war sie noch einmal zu dem Platz gegangen, wo ihr die fremde Wahrsagerin den Zauber gegen Myrtos Eidolon gemacht hatte. Sie war nicht da. Niemand kannte sie. Niemand hatte sie je gesehen. Verweht wie ein Spuk. Verweht nach Thessalien, vielleicht sogar nach Thrakien, wo Myrto war, wenn sie noch lebte.

Auch Sokrates könnte jetzt dort sein, in Thessalien, in Persien, Makedonien oder schon längst in

Syrakus, wo Dionysios, der Tyrann, ihm ein schönes Leben versprochen hatte. Seine reichen Freunde hatten alles für die Flucht vorbereitet, die Wächter waren bestochen, es wäre ein Kinderspiel gewesen. Aber Sokrates hatte nirgendwohin gewollt, niemals. Sie erinnerte sich, wie er gerufen hatte: Oh, wie ich sie hasse, diese parfümierten Tyrannen! Sokrates hatte nach Äpfeln gerochen, immer nach Äpfeln, und nach schlecht gelüfteter Kleidung.

Alles mußte einmal ein Ende haben. Sie haßte Athen, diese heruntergekommene Stadt mit den verlogenen Demokraten und den falschen Freunden, die nicht, wie die richtigen, Apollodores, Dion, Kriton, Platon und viele andere, abgewandert waren, die meisten ins benachbarte Megara. Aber Sokrates war noch da, überall in Athen, so tot er auch immer sein mochte. Ganz Athen blieb erfüllt von ihm, jeder Stein erinnerte an ihn, jedes Haus, jeder Baum, jeder Weg. Mochten die, die ihn getötet hatten, damit leben.

Der Wind wehte jetzt stärker und wärmer. Ein schmaler, blaßgelber Streifen am Horizont kündigte den Morgen an. Xanthippe stand mit Lamprokles an der Reling. Schreiend stießen die Möwen im Sturzflug auf die Brotkrumen, die er ihnen zuwarf.

»Als ich jung war, habe ich mir nie vorstellen können, eines Tages einen großen Sohn zu haben«, sagte sie und legte den Arm um ihn wie eine ältere Schwester. Er sah auf einmal sehr erwachsen aus. Er wußte nun alles, fast alles.

»Wir werden bald da sein. Lies mir noch einmal den Brief von deinem Onkel Philippos vor«, sagte sie und gab Lamprokles die kleine Papyrusrolle, die sie immer bei sich trug. Sie kannte jedes Wort auswendig. Aber sie wollte diese Geschichte eines Wunders, der sie entgegenfuhren, noch einmal von ihrem Sohn hören, dessen Stimme der von Philippos so ähnlich war.

Philippos, der Sohn des Lysimachos, an seine Schwester Xanthippe, die Tochter des Lysimachos, im fünfzehnten Jahr nach der Seeschlacht von Syrakus.

Ich hoffe, daß dieser Brief in Deine Hände gelangt, nachdem einige frühere Dich anscheinend nicht erreichten. Vielleicht, und auch das hoffe ich, haben athenische Seeleute Dir aber schon vor Monaten oder Jahren die Nachricht weitergegeben, daß ich lebe und bei guter Gesundheit bin. Die unsterblichen Götter lenken unser Geschick, und wenn sie es wollen, werden sie uns wieder zusammenführen nach all den vielen Jahren.

Damals, bei den Kämpfen vor Syrakus, wurde ich schwer verwundet und lag bereits bei den Toten auf dem Scheiterhaufen. Ein punischer Söldner im Dienst der Syrakusaner entdeckte, daß ich noch lebte. Er zog mich unter den Leichen hervor, versorgte meine Wunden und pflegte mich gesund. So wurde ich sein Sklave und er mein Herr, für den ich Dankbarkeit und Zuneigung empfand.

Hamal, mein Herr, nahm mich mit in seine Heimat, lehrte mich seine Sprache und die Bräuche und Sitten seines Landes. Ich wurde sein Begleiter, der ihm Schild und Lanze bei zahlreichen Stammeskämpfen in der libyschen Wüste trug. Ich pflegte seine Pferde und seine Dromedare, und wenn es einen Brief für ihn zu schreiben gab, so erledigte ich auch das. Im Laufe der Zeit wurden wir gute Freunde. Ich heiratete ein Mädchen aus seiner Verwandtschaft, Sala, und während die Jahre vergingen, wurden uns fünf dunkelhäutige Kinder mit krausem Haar geboren. Unser Jüngster heißt übrigens Sokrates wie ein rechter Hellene. Wie Du Dir denken kannst, sprechen alle fünf – und Sala ebenfalls – etwas Griechisch. Die beiden Ältesten können unsere Schrift schreiben.

Obwohl es mir mit meiner Familie bei Hamal gutging, hatte ich nie die Hoffnung verloren, eines Tages wieder Grieche unter Griechen zu sein und nach athenischer Sitte zu leben: Fisch zu essen, in der Palästra zu üben und philosophische Gespräche mit Freunden zu führen und Politik zu treiben. Doch Hamal tat alles, um meine Kontakte zu griechischen Kaufleuten zu verhindern. Er liebte mich wie einen Bruder, aber mit großer Eifersucht, denn er fürchtete, ich würde ihm bei der ersten Gelegenheit davonlaufen. Nicht ganz zu Unrecht. In der Wüste in meinem Zelt träumte ich in den Nächten von Schiffen und vom Meer, das ich so lange nicht mehr gesehen hatte.

Vor wenigen Monaten starb mein lieber Hamal am Fieber. In seinem Testament schenkte er mir die Freiheit und vererbte mir außerdem einen großen Teil seiner Dromedarherde, vielleicht in der Hoffnung, mich damit an die Zeltstadt in der Wüstenoase zu binden. Ich aber trieb meine Herde nach Karthago und verkaufte sie dort zu einem guten Preis. Mit meiner Familie schiffte ich mich sofort nach Syrakus ein, wo ich ein Haus und Lagerräume in der Nähe des Hafens angemietet habe. Von hier aus betreibe ich mein Handelsgeschäft in der Straße neben dem südlichen Stadttor. Vor einem halben Jahr habe ich die Nachricht vom Prozeß und Tod des Sokrates gehört. So betrübt ich darüber war, so glücklich hat es mich doch gemacht, auf diese Weise auch Deinen Namen und die Deiner Kinder zu hören.

Schreib mir nicht, Xanthippe, geh lieber gleich nach Piräus und schiffe Dich ein nach Syrakus. Bring Deine Söhne mit, wir warten auf Dich. Auch in Syrakus haben Apollon und Artemis einen Tempel. Wir werden ihnen viele Opfer bringen. Die Stadt ist reich und ein guter Platz, um Handel zu treiben und in Frieden zu leben. Seltsam, daß man in einer Stadt, die man einmal erobern wollte, schließlich seine Heimat findet.

Komm bald, Xanthippe, und sei umarmt und getröstet von Deinem Bruder Philippos.

In den letzten Nächten hatte Apollon Xanthippe einen seltsamen Traum gesendet, jede Nacht den gleichen Traum.

Sie war mit Sokrates auf dem Weg nach Persien. Sie reisten den schönen Bildern hinterher: Persepolis, Ekbatana, Babylon. Gärten in der Wüste mit Palmen und Wasserspielen. Paradeisos des Großkönigs oder eines Satrapen: zahme Löwen, Antilopen zum Streicheln, Tiger, die sich spielend wälzten wie Katzen. Sokrates ritt auf einem Esel, sie neben ihm auf einem Maultier, das sie mit den nackten Fersen in die Seiten stieß. Sie hatten nur einen Mantel mitgenommen, wie es bei Liebenden üblich ist, wenn sie nachts unter einen Mantel kriechen. Ein Morgen im Frühsommer. In der Luft Flöckchen von weißem Pappelsamen, die der Wind aufgeweht hatte.

Apfelmädchen, sagte er lachend und klatschte mit der Hand auf die Flanke ihres Maultiers, das einen erschreckten Sprung tat. Apfelmädchen, wir sind den Athenern entwischt!

Jedesmal, wenn sie aufwachte, hielt sie inne und horchte auf das, was sie deutlich hörte, Sokrates' Lachen, jubelnd, wie ein Triumph.

Nachwort

Die Schriftsteller der Antike haben uns vieles, wenn auch Widersprüchliches über Sokrates, den berühmten Philosophen, überliefert. Wir wissen, daß er eine faszinierende Persönlichkeit war, geistreich und häßlich, die Schüler und Zeitgenossen in ihren Bann zog.

Zwei Frauennamen sind uns im Zusammenhang mit Sokrates glaubwürdig überliefert: Myrto und Xanthippe. Nur wenige historisch zuverlässige Sätze berichten uns von Xanthippe und den drei Söhnen, die sie mit Sokrates hatte. Im Phaidon schildert Platon die letzte Begegnung zwischen dem siebzigjährigen Philosophen und seiner Frau Xanthippe, die »sein jüngstes Söhnchen auf den Armen trug«. Auch der andere genannte Sohn war noch ein Kleinkind und Xanthippe somit zur Zeit von Sokrates' Tod im Jahr 399 v. Chr. eine eher junge Frau. Ihr Name klingt aristokratisch und könnte ein Hinweis auf ihre Herkunft aus den vornehmen Kreisen Athens sein, in denen Sokrates sich auch sonst gern bewegte.

Sokrates war schon seinen Zeitgenossen ein Rätsel. »Die moderne Wissenschaft ist nicht viel klüger. Obwohl sie sich seit mehr als zweihundert Jahren um Aufklärung bemüht, ist Sokrates noch immer eine der umstrittensten und rätselhaftesten Gestalten der antiken Philosophiegeschichte.« (Andreas Patzer, Der historische Sokrates. Darmstadt 1987, S. 19)

Schriften hinterließ er nicht, Festlegungen entzog er sich.

Wir neigen dazu, das Bild von Sokrates, so wie wir es aus Platons Werk zu kennen glauben, mit der Szenerie der klassischen Epoche in Athen zu verbinden. Dabei wird leicht vergessen, daß es der politische und militärische Niedergang des athenischen Imperiums war, den Sokrates in seinen letzten Jahrzehnten begleitete. Der Krieg gegen Syrakus von 415 bis 413, der zur Katastrophe führte, markiert den Abstieg der Vormachtstellung Athens im Mittelmeerraum.

Das Bild der jungen Xanthippe mit den Kleinkindern im Gefängnis ließ mich nicht mehr los. Als sie Sokrates kennenlernte, muß er schon so etwas wie ein lebendes Denkmal gewesen sein. Ganz gewiß hat sie ihn bewundert und geliebt, niemand wird sie gezwungen haben, den alternden und sonderbaren, zudem noch armen Mann zu heiraten. So begann ich nach ihrer Person im Umfeld des Sokrates zu suchen. Mehrere Überlieferungen sprechen von einer »Tochter des Aristides«, die Sokrates geheiratet hätte, und nennen beziehungsweise vermuten Myrto dahinter, die andere Frau. Mir erscheint es wahrscheinlicher, daß Xanthippe zur Familie der Aristides gehörte. Zu ihm und seinem Sohn Lysimachos hatte Sokrates schon durch die gemeinsame Herkunft aus dem Demos Alopeke ein Stück außerhalb von Athen nähere Beziehungen. Mit Lysimachos war Sokrates befreundet (Platon, Laches 187 D u.a.). Viel Material habe ich den Lebensbeschreibungen Plutarchs entnommen, der über Nikias, Alkibiades und Aristides buntgemischt, doch recht zuverlässig berichtet.

Aristides gehörte zu den bekanntesten Bürgern Athens und repräsentierte die konservative Politik während der Perserkriege. In späteren Überlieferungen wurde sein Name zum Symbol für Gerechtigkeit und Unbestechlichkeit. Er hatte als Stratege an der Schlacht bei Marathon teilgenommen und später der Flottenbaupolitik des Themistokles entgegengearbeitet. Darum mußte er 482 in die Verbannung gehen. Nach seiner Amnestie kämpfte er bei Salamis mit und wurde einer der Gründer und Gestalter des Attischen Seebundes. Die Familie des Aristides war schon mit Sokrates' Vater, Sophroniskos, befreundet. Ein Nachkomme des Aristides erhielt eine Staatsrente auf Antrag des Alkibiades, auch dies erwähnt Plutarch in seiner Vita des Aristides.

Es gab auch den reichen Kallias mit dem großen Haus in Piräus, in dem Sophisten, Künstler und Politiker ein und aus gingen. Wie im einzelnen die Verwandtschaft mit Aristides herzuleiten ist, geht aus unseren Quellen nicht eindeutig hervor, auf alle Fälle aber gab es verwandtschaftliche Beziehungen und den Kontrast zu den heruntergekommenen Nachfahren des Aristides in Alopeke.

Historisch überliefert ist auch der soziale Gegensatz zwischen dem als Steinmetzsohn geborenen Sokrates und seinen »schönen-und-guten« reichen Freunden. Allzuoft waren diese jungen Aristokraten notorische Antidemokraten, so etwa der politische Abenteurer Alkibiades oder Xenophon, der an der Expedition des persischen Prinzen Kyros teilnahm und sich damit so gründlich kompromittierte, daß er Athen nicht wieder betreten durfte.

Die Rechnung für die Torheiten seiner Freunde bezahlte Sokrates. Er wurde zur Symbolfigur, gegen die sich die Ressentiments des demokratischen Athen richteten. Die Anklage des Jahres 399 wegen Mißachtung der Götter und Verführung der Jugend galt unausgesprochen auch anderen Philosophen und Männern der Wissenschaft.

Sein Leben lang blieb Sokrates ein Mann mit praktischer Veranlagung, den seine Freunde auch um Rat in alltäglichen Dingen fragten. Die Nachrichten über sein Familienleben sind eher dürftig und unergiebig, und manchmal schien es mir, als existierten von Xanthippe nur die Umrisse in einem ansonsten farbigen und detailreichen Bild ihrer Zeit. Es war ein reizvolles Unternehmen, über sechs Jahre hindurch jener fernen Xanthippe nachzuspüren, sie mit Leben zu erfüllen und ihre Geschichte in die Geschichte vom Niedergang Athens, wie Thukydides und andere Geschichtsschreiber sie übergenau berichtet haben, einzufügen.

Am Ende der Erzählung von Xanthippe angekommen, bin ich überzeugt von ihrer möglichen Wahrheit. Der alternde Philosoph und das junge Mädchen, die schließlich heiraten ohne irgendeinen äußeren Zwang, aus freiem Entschluß. Xanthippe, die sich an Sokrates wendet, weil sie fühlt, daß auch in ihr Gedanken sind, die mit seiner Hilfe hervorgeholt werden können. Von Platons Akademie wird uns berichtet, daß zwei Frauen in Männerkleidung regelmäßig an den Vorlesungen dort teilgenommen haben.

Ich glaube, daß Xanthippe etwas mutiger, etwas kantiger, etwas härter gewesen sein wird als die weibliche Mehrheit in Athen, die im Frauengemach blieb. Keine Frage auch, daß ihr Leben nicht vorbei war, als Sokrates starb. Für mich ist Xanthippe eine Frau, die, ihre Kinder auf dem Arm und an der Hand, danach aus der Enge Athens aufbricht, um neu anzufangen, in Persien, in Syrakus, wir wissen es nicht.

Jan Jepsen

Wie die Wilden

Roman

Dieser neue Roman des jungen
Autors Jan Jepsen ist die Geschichte
zweier Freunde, die wie die Wilden
Widerstand leisten gegen die Welt
der Erwachsenen, die sich alle Mühe
geben, den Jungen die Kindheit
gründlich auszutreiben.
Eine exemplarische Geschichte voller
Verlockungen, Entzauberungen und
Unentwirrbarem.

320 Seiten, gebunden

**HOFFMANN
UND CAMPE**